中国摄影艺术年鉴

CHINA PHOTO ALMANAC

2020—2021 卷

主编：徐伟浩

北方联合出版传媒(集团)股份有限公司
万卷出版有限责任公司

《中国摄影艺术年鉴（2020—2021卷）》编辑委员会

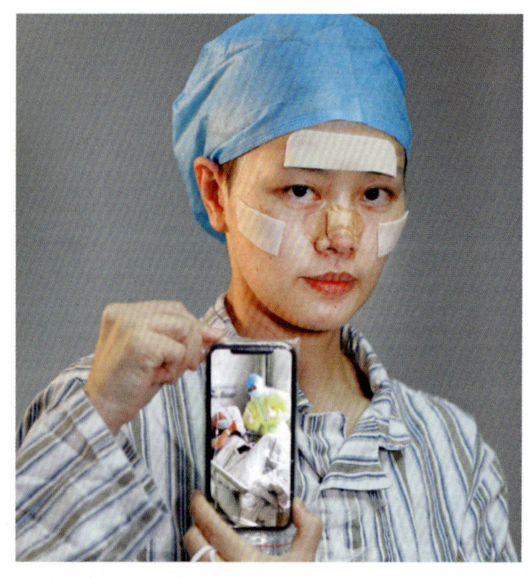

封面图片：
你是我最牵挂的人 / 摄影：李　舸

目　录

前言 / 徐伟浩

《中国摄影艺术年鉴》与时代同行，记录祖国发展历史，留驻时代经典瞬间。十六年来，我们秉承“籍图为史，以史为鉴”的理念，关注并助力中国摄影艺术发展，力求为读者奉献高品质摄影集卷。

本卷在原有的“一镜走天涯，风月无边”（风光篇）、“一图胜千言，道义在肩”（人文篇）基础上，增设了“中国摄影盛会全记录”和“中国摄影大事记”两大板块。

“中国摄影盛会全记录”板块完整收录了包括平遥国际摄影大展、大理国际影会、北京国际摄影周等在内的十余个具有国际广泛影响力的摄影展节的获奖作品，在国内出版领域是首次。这些题材多元、风格各异的摄影展节获奖作品，几乎可以代表当下国内摄影创作的最高水平。增设这一板块，我们一方面想向读者展示顶级摄影展节的不同命意和审美尺度，另一方面也希望提升中国摄影艺术在普通公众间的影响力。

“中国摄影大事记”板块则是选择性地收录了2020—2021年发生的具有时代性、创新性、影响力的重要摄影事件，按照时间顺序编辑排列，让读者能够全面了解中国摄影艺术发展的最新动态和摄影家通过摄影的方式对社会的参与和贡献。

综上，《中国摄影艺术年鉴（2020—2021卷）》将以“一镜走天涯，风月无边”“一图胜千言，道义在肩”“中国摄影盛会全记录”“中国摄影大事记”四大板块呈现给读者。

从时代意义上讲，本卷用数百张摄影作品反映了我国发展建设新成就和人民勠力同心奋力开启新纪元。从摄影艺术上讲，本卷展示了摄影家们全新的审美创作探索，引领审美趋势多元发展。我们用结集成册的方式向锐意进取的新中国人民致敬，向不忘初心、记录时代的摄影人致敬。

文末，编辑部向所有关心与支持《中国摄影艺术年鉴》发展的摄影家、读者致以崇高敬意，也向中国文联副主席、中国摄影家协会主席李舸为本卷提供佳作作为封面致谢。

聚焦大河上下，长城内外，乐山乐水，见仁见智

一镜走天涯，风月无边

中国摄影艺术年鉴

贰零贰零——贰零贰贰

不同桃李混芳尘 / 摄影：高占祥

大漠荒烟 / 摄影：杨元惺

怪树林 / 摄影：杨元惺

夏诺多吉神山 / 摄影：王琛

西藏雪域冰川 / 摄影：张桐胜

红与黄的交响乐 / 摄影：徐伟浩

阳关西望 / 摄影：高健生

一块石头上雕刻的古堡 / 摄影：王　悦

永泰龟城的银河拱桥 / 摄影：戴建峰

山海间 / 摄影：王华涛

根基 / 摄影：郑广祥

冬雪 / 摄影：叶文龙

牛仔放牧，夕阳暮归 / 摄影：王卫光

莫高之秋 / 摄影：吴　健

江月待人 / 摄影：王金祥

日照绿江生紫烟 / 摄影：姜兴波

俯瞰沈城 / 摄影：孙福星

黄河魂 / 摄影：邓国晖

雾锁雪域 / 摄影：丁　库

恐龙探海 / 摄影：王广顺

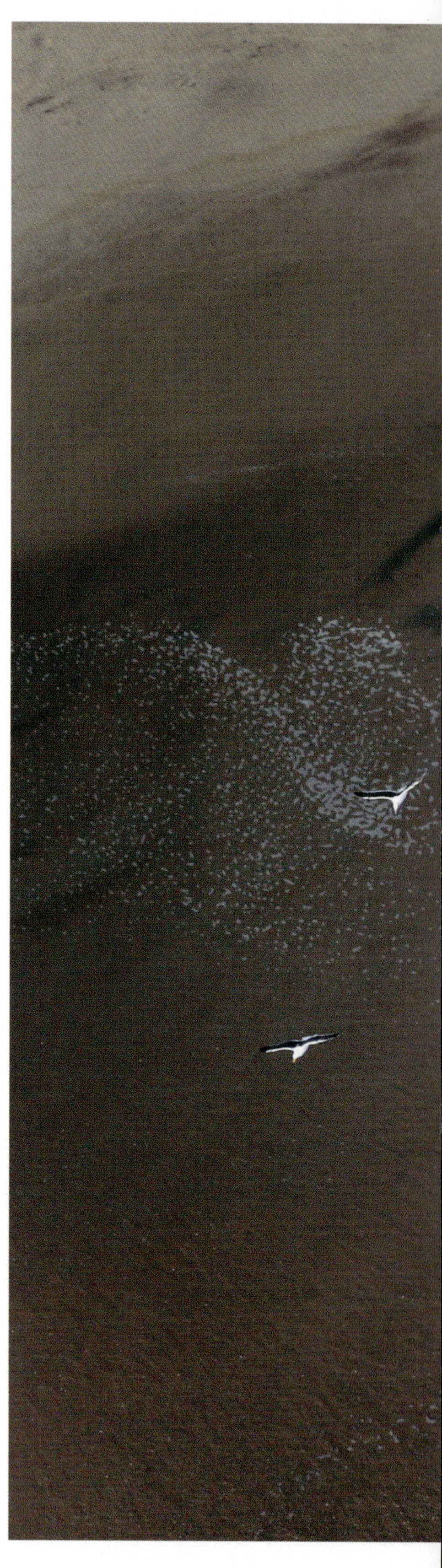

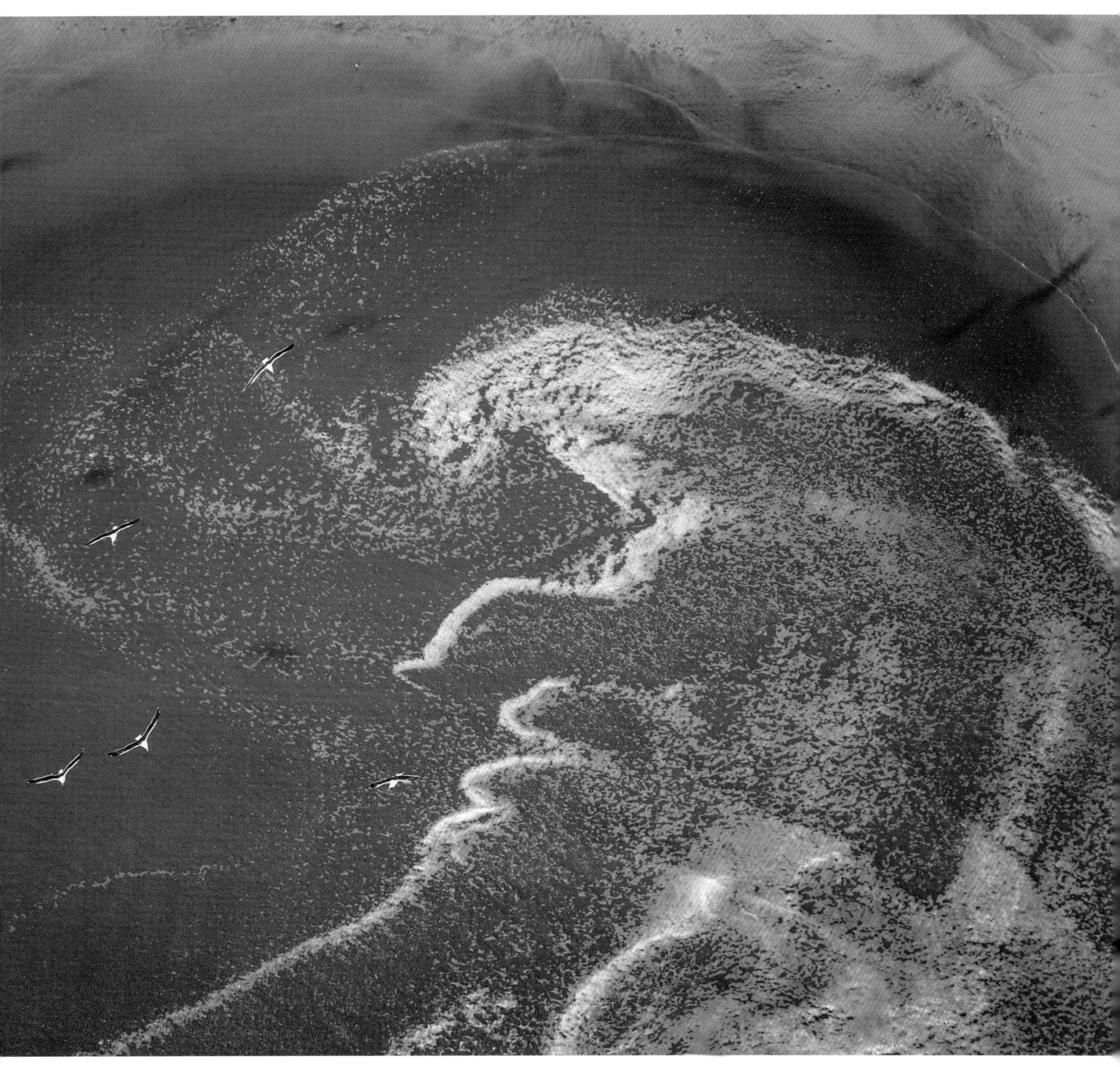

浪花的素描 / 摄影：魏 勇

圣水山魂 / 摄影：高鹏飞

雪雾弥漫覆西堤 / 摄影：阿·巴德夫

宜昌三峡大坝泄洪／摄影：雷佳民

冬日里的锦州红海滩 / 摄影：王洪刚

冰雪至极 / 摄影：刘秀军

蒹葭曙色龙萦盘 / 摄影：陈明月

十里秋畦粳稻香 / 摄影：陈明月

长白山下风光好 / 摄影：李　春

武汉鹦鹉洲长江大桥 / 摄影：邓士平

上下天光，映照古今（北京城市副中心通州区）/ 摄影：范海英

高原雄鹰 / 摄影：裴 烨

雁门关 / 摄影：书 平

大同土林 / 摄影：书 平

山、水、家园/摄影：邓喜平

四姑娘山 / 摄影：田捷砚

荒丘 / 摄影：胡晓林

疑是琼楼银汉来 / 摄影：侯宪权

艰辛之路 / 摄影：吴旭韬

独山子大峡谷 / 摄影：劳荣基

萨普神山 / 摄影：李宏志

天堑变通途 / 摄影：陈　扬

巴音布鲁克之晨 / 摄影：林沿广

航拍中国·春 / 摄影：罗　杰

辽东湾 / 摄影：刘怀民

暮归 / 摄影：周锦怡

静夜思 / 摄影：胡国旭

黑河水流进巴丹吉林沙漠 / 摄影：赵广田

生命之环 / 摄影：李春锦

中金公元

疾风劲草 / 摄影：陈　钢

邂逅巴厘岛 / 摄影：姚耀光

杭瑞高速水城段北盘江世界第一高桥 / 摄影：张家裕

沙漠绿洲 / 摄影：李建设

初冬瞰北陵 / 摄影：陶 华

坝上 / 摄影：王晓光

一袭山水 / 摄影：王华平

苇客 / 摄影：吴兴军

拙政园的春天 / 摄影：倪益瑾

春风又绿瘦西湖 / 摄影：倪益瑾

崛起的大湾区 / 摄影：孟庆魁

潮涨潮落辽河口 / 摄影：谢　刚

冰雪世界／摄影：张恩德

青海东台吉乃尔湖 / 摄影：迟明丽

中国桥 / 摄影：龚小勇

望京 / 摄影：王 博

本溪大峡谷 / 摄影：徐长虎

时空存在规律同频共振 / 摄影：郭润滋

云和梯田雪景夜晚星空 / 摄影：程巩胜

风影 / 摄影：徐雪寒

峡谷印象 / 摄影：孙晓璐

冰河雪原（北海道）/摄影：吕学海

大种群藏野驴 / 摄影：陈　刚

风雪蒙古马 / 摄影：严国忠

呦呦鹿鸣 / 摄影：孙建辉

鹿腾飞 / 摄影：张炳功

翩翩起舞 / 摄影：钱亚明

震旦雅雀 / 摄影：宋大德

蓝翅希鹛 / 摄影：张文良

嗷嗷待哺 / 摄影：吕学海

猎眼观鉴 / 摄影：闫　淼

黄山冻雨 / 摄影：杨　骏

陕西金丝猴 / 摄影：王 励

羞月 / 摄影：王福州

勉励 / 摄影：冒小平

优雅 / 摄影：李洪臣

美的旋律／摄影：陶承光

晒翅展毛衣 / 摄影：王莅翔

栖息自然 / 摄影：张　艳

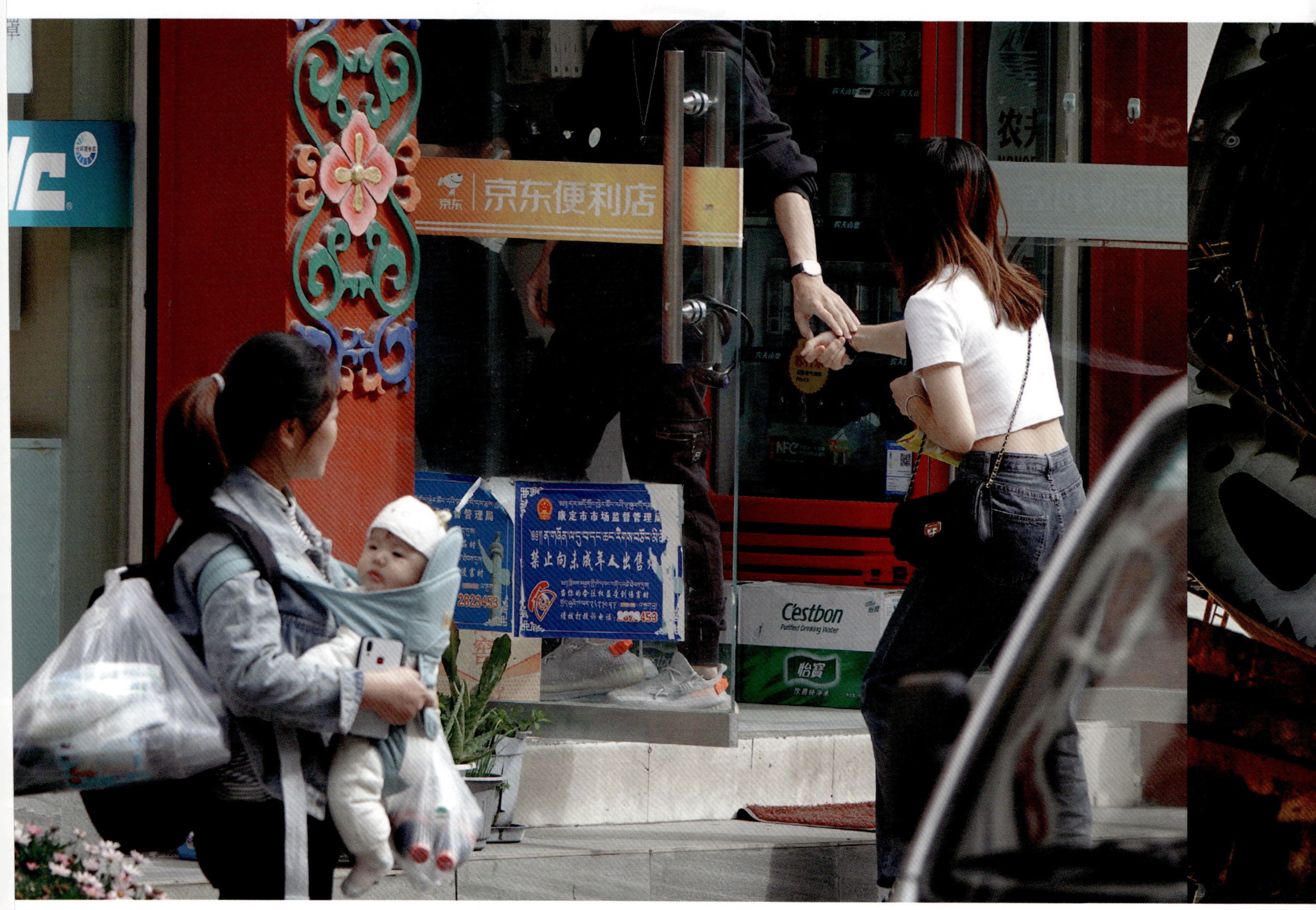

四川甘孜藏族自治州 / 摄影：朱宪民

南京金陵造船厂 / 摄影：王玉文

期盼 / 摄影：卢　刚

刀尖上的舞者 / 摄影：卢　刚

工业记“疫” / 摄影：梁建勇

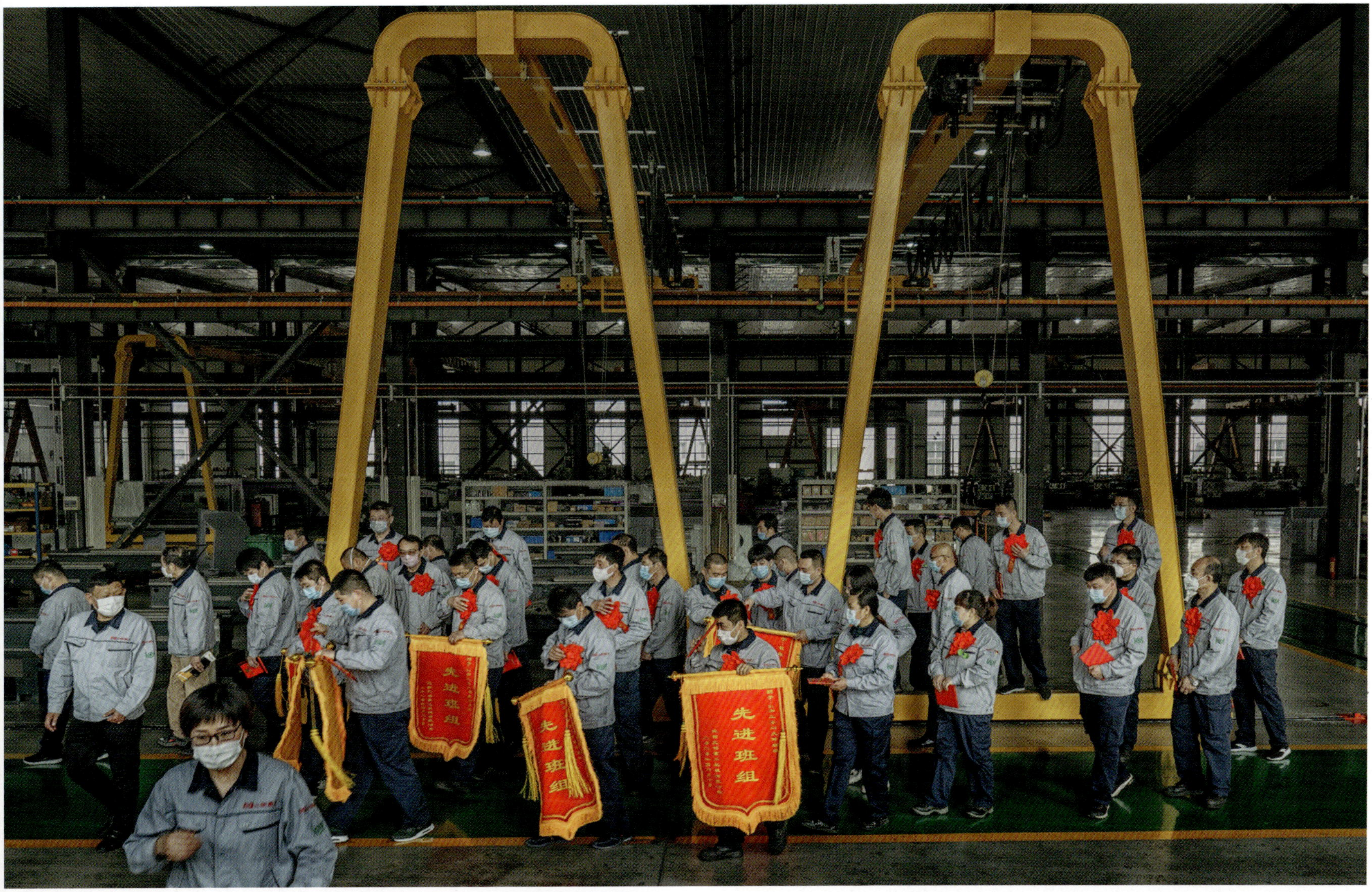

5t
X射线探伤实验室
X-RAY TESTING LABORATORY

凡事安全为先
万事
为大

英雄回家 安运保障
身边英雄

无数牵挂与思念，在这一刻如花 / 摄影：线云强

阅兵训练场上的士兵 / 摄影：袁学军

运-20接英雄回家 / 摄影：陈 松

2020・展览 / 摄影：鲍利辉

风雪中的坚守 / 摄影：王世宪

大国工匠 / 摄影：李　东

最美睡姿 / 摄影：李结义

磨砺精兵 / 摄影：张全利

清洁工 / 摄影：于文国

清洁工（中国科技馆）/ 摄影：于文国

攀登者 / 摄影：龙　江

天路 / 摄影：春 雷

龙腾雪飞唱浩歌 / 摄影：刘慎库

祝福祖国，走向未来 / 摄影：颜劲松

举国同悲 / 摄影：丁　筱

2020年4月4日，为表达全国各族人民对抗击新冠肺炎疫情斗争牺牲烈士和逝世同胞的深切哀悼，我国举行全国性哀悼活动。两名儿童佩戴口罩，面向国旗行注目礼。照片摄于天安门广场。

托起 / 摄影：庞维新

街头 / 摄影：尹 毅

卖馕姑娘 / 摄影：刘 冬

京张铁路 / 摄影：李春龙

下泥浆套管／摄影：庞相梁

检修 / 摄影：董凤安

远让用户满意
MAKE CUSTOMER SATISFIED FOREVER
干就干好 还求更好
DO OUR JOB GOOD BETTER BEST

国之重器 / 摄影：王玉光

我为大船披新装 / 摄影：谢江波

工业遗产——永恒记忆 / 摄影：李铁成

建筑工人 / 摄影：张 铁

复工复产在行动 / 摄影：袁永杰

飞越卫城 / 摄影：罗 韬

越飞越高 / 摄影：罗　韬

合心助热 / 摄影：李伟

高铁隧道建设 / 摄影：杨　军

飞跃 / 摄影：陈文玉

船殇 / 摄影：姜信和

融化酷寒 / 摄影：李钟杰

大船・人 / 摄影：李博彧

建筑工地图鉴 / 摄影：董士阳

薪火相传 / 摄影：赵永胜

美丽乡村的孩子们 / 摄影：魏　民

放学以后 / 摄影：朱丽云

青春宣誓 / 摄影：李 彬

快乐童年 / 摄影：王景茹

传承 / 摄影：冯锐利

太行正月十五闹新春 / 摄影：杨建川

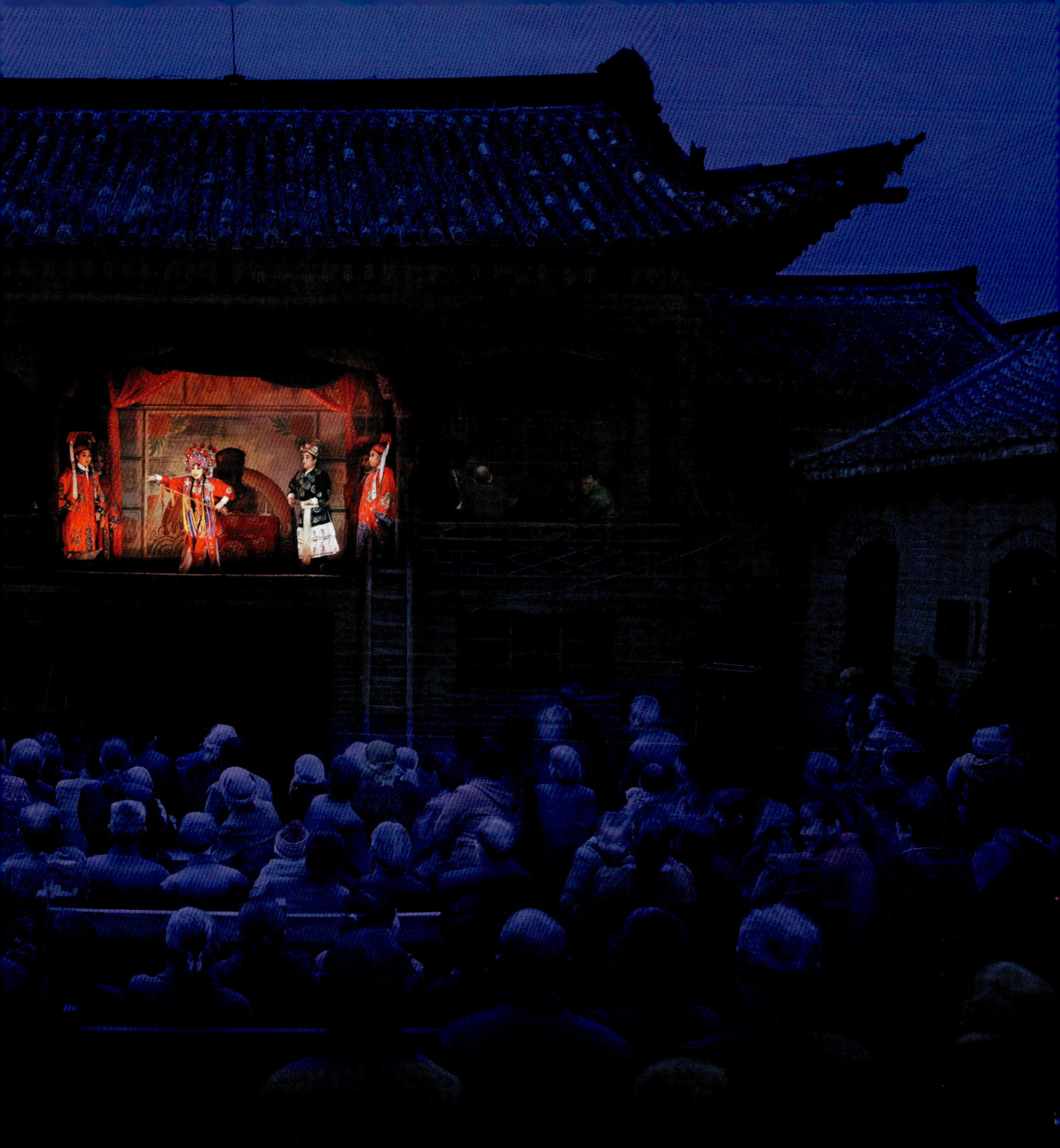

转场一家人 / 摄影：高　远

石板房人家 / 摄影：吴　琳

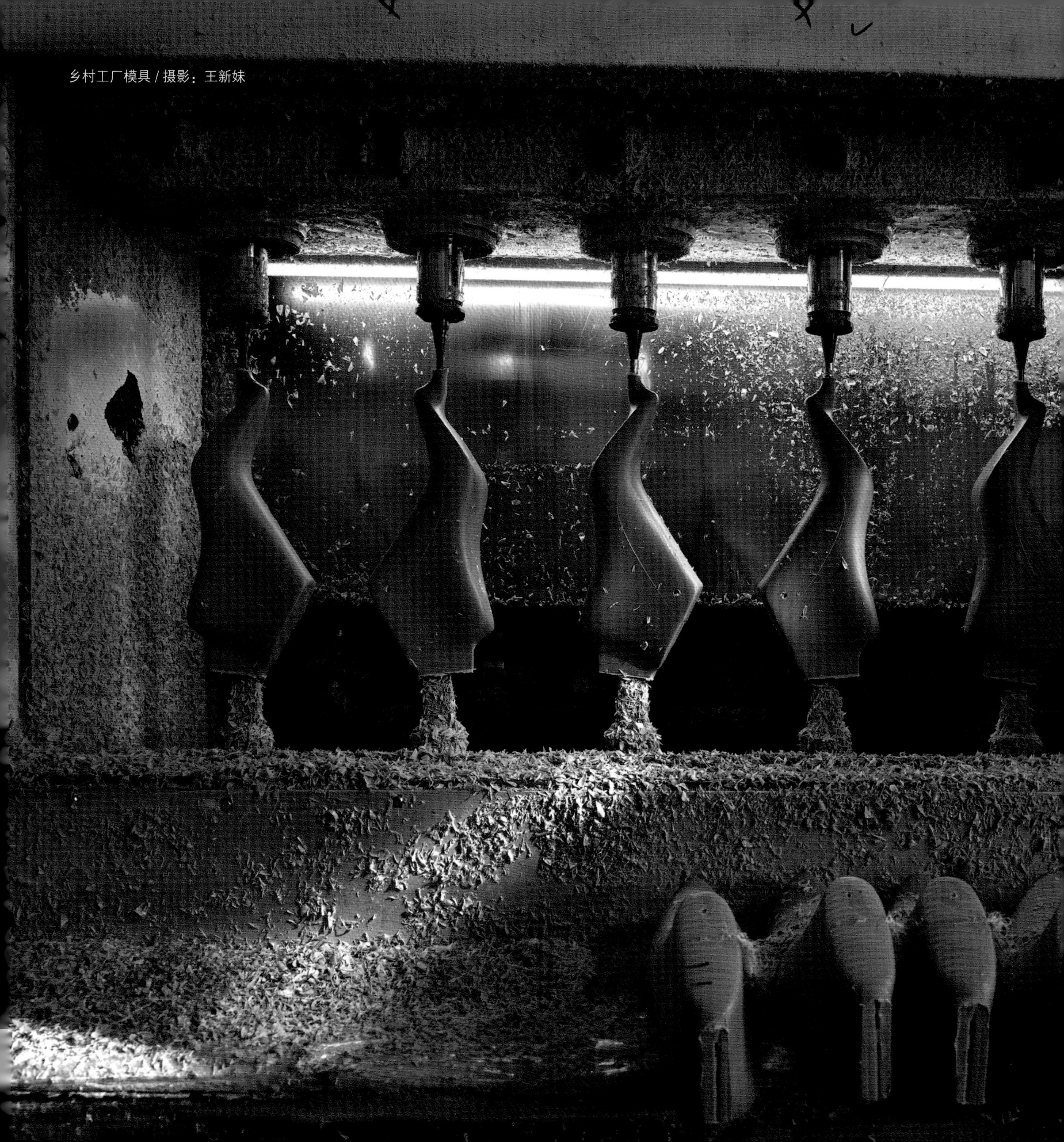

乡村工厂模具 / 摄影：王新妹

高原母爱 / 摄影：姚广斌

私语 / 摄影：赵新良

高原人 / 摄影：王子国

经幡下的男孩 / 摄影：金光永

草原上的巴特尔 / 摄影：马　峰

冬捕 / 摄影：张　健

收割 / 摄影：胡 宁

冬牧场 / 摄影：陈唯宁

猎鹰牧马人 / 摄影：郭锡煜

冰雪渔猎 / 摄影：席世宏

又将远行 / 摄影：赵 云

那达慕来客 / 摄影：赵 云

天光云影共徘徊 / 摄影：于 洪

秋韵 / 摄影：杜晓平

穿戴的风景——白裤瑶族服饰 / 摄影：黄平强

露天矿 / 摄影：刘晓文

秋收 / 摄影：叶 蔚

看摊 / 摄影：钟加楠

消失的家园 / 摄影：赵鹏飞

塞外秧歌 / 摄影：贾作祥

傍晚时分 / 摄影：张　雷

目的地 / 摄影：岑健虹

无障碍自由表达 / 摄影：齐　斌

收网起航 / 摄影：冯文宝

清洁工 / 摄影：彭文昌

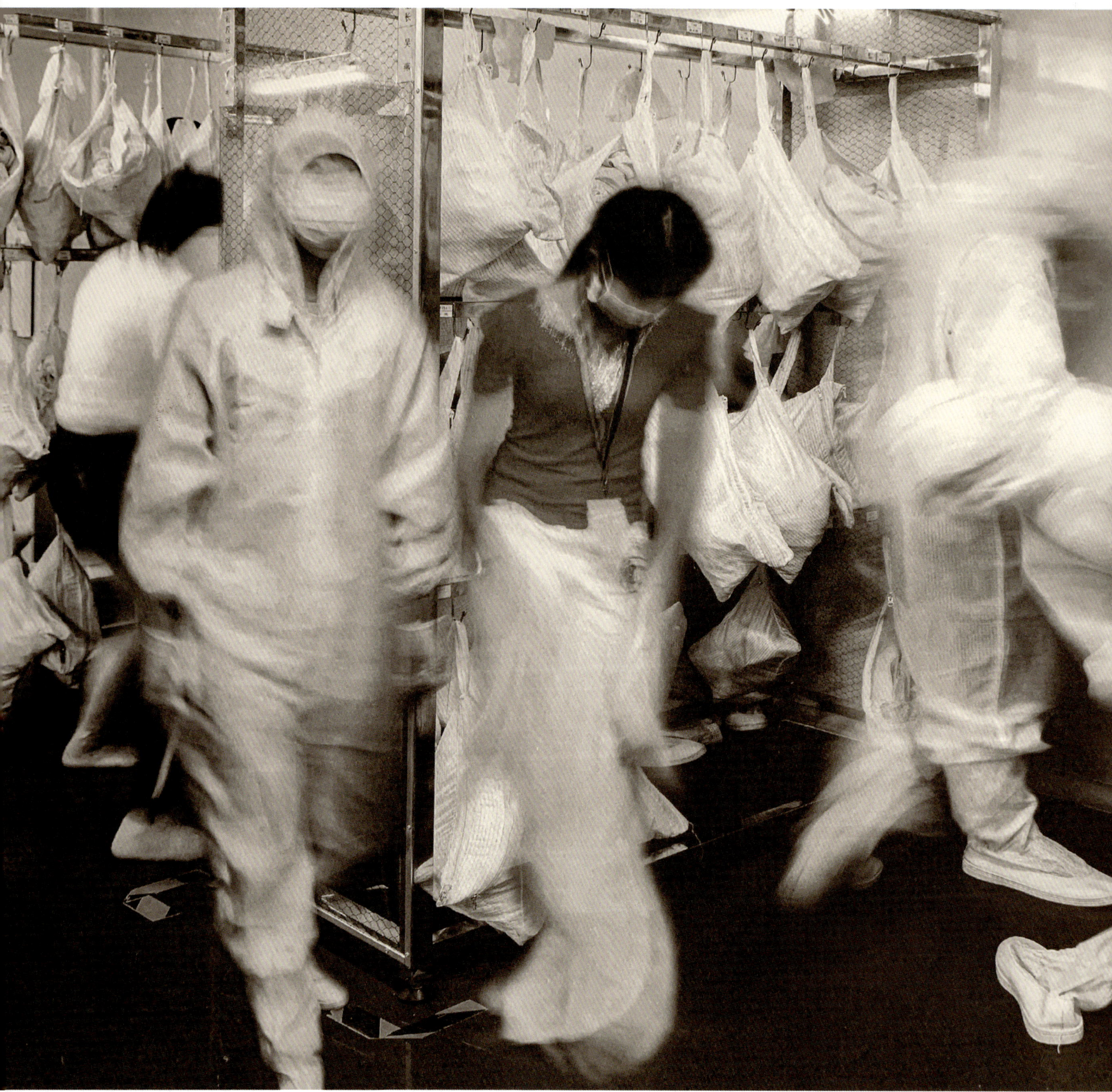

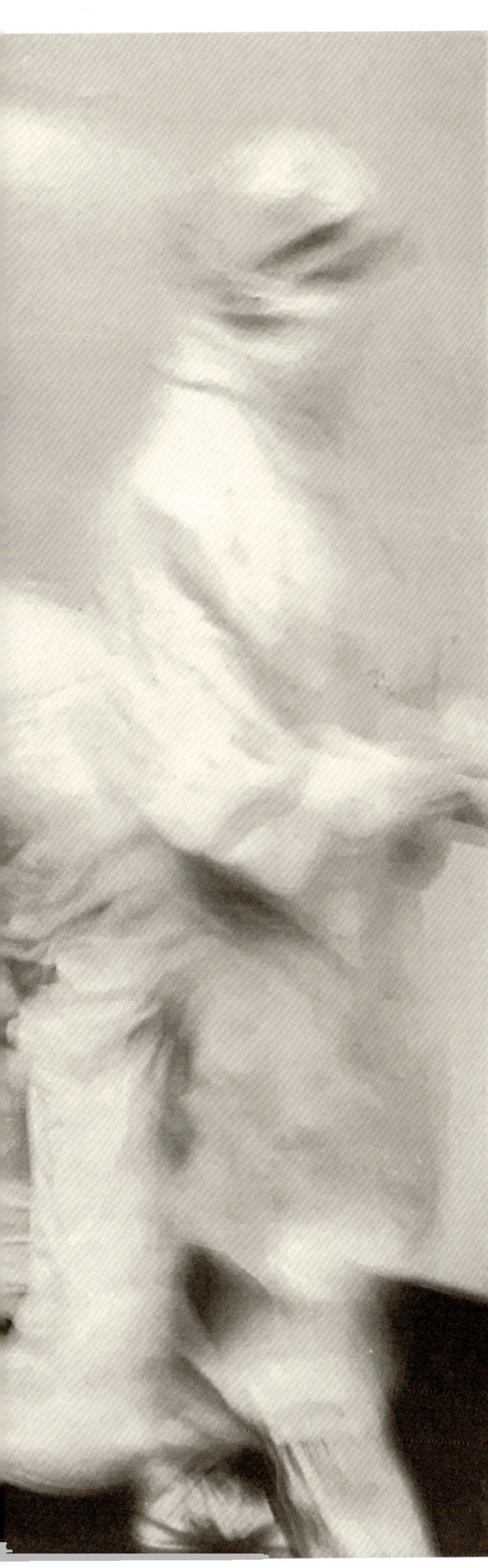

冬泳 / 摄影：史 春

换装 / 摄影：李志良

Heilongjiang Province

疫情下的北京 / 摄影：郝 翌

ARE
RE SU

因疫情防控需要
非本小区车辆禁止入内

煎饼
禁止
宠物入内
扫码
进店
谢谢
麻辣烫

流动北京——2020 / 摄影：徐　波

娘娘出宫 / 摄影：蒋丽田

守护家园 / 摄影：慕连宝

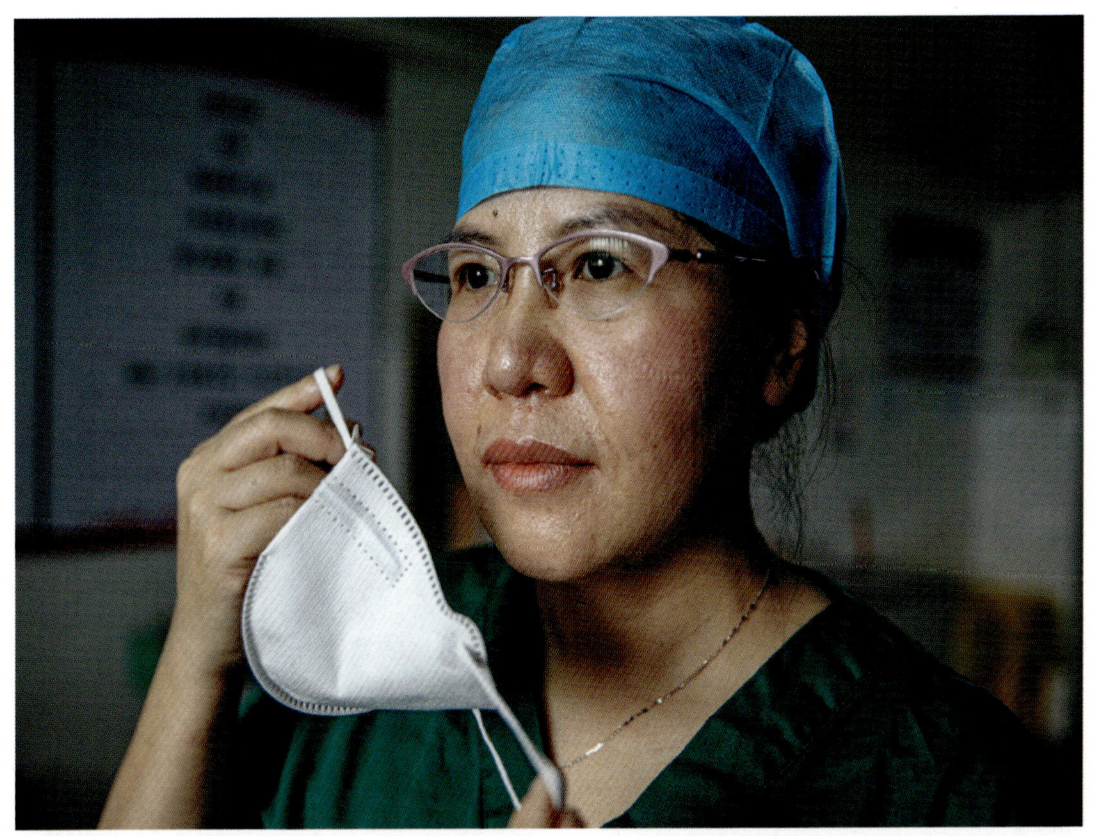

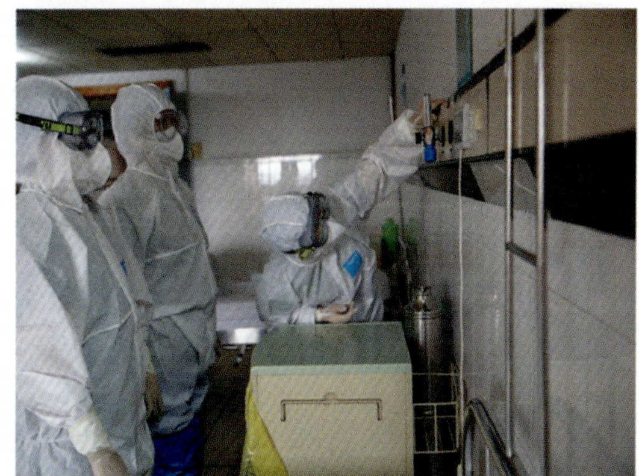

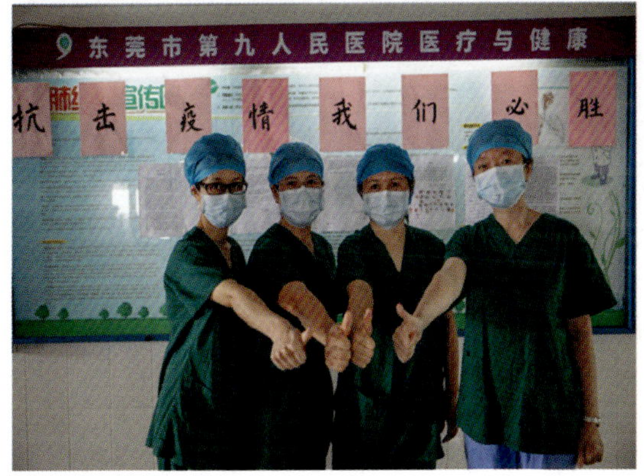

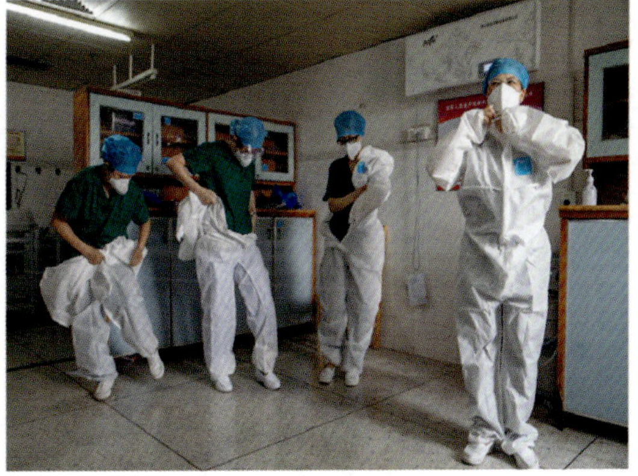

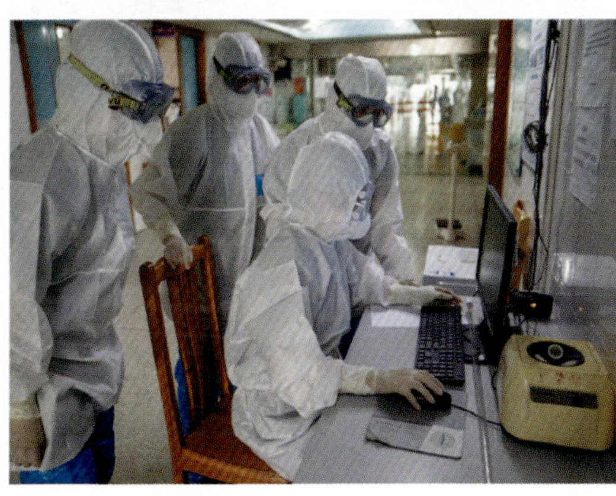

最美勒痕 / 摄影：李益华

爱心白菜 / 摄影：赵广亮

犹有花枝俏 / 摄影：苗树林

天府机场建设者 / 摄影：刘应华

画家／摄影：余培钟

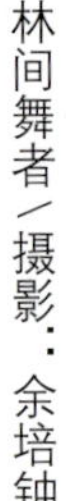
林间舞者／摄影：余培钟

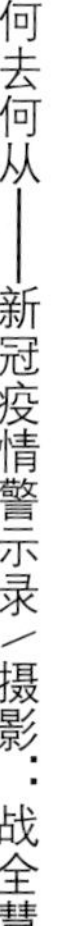

无阻 / 摄影：王　金

快递小哥坚持在送邮件的岗位上 / 摄影：胡武功

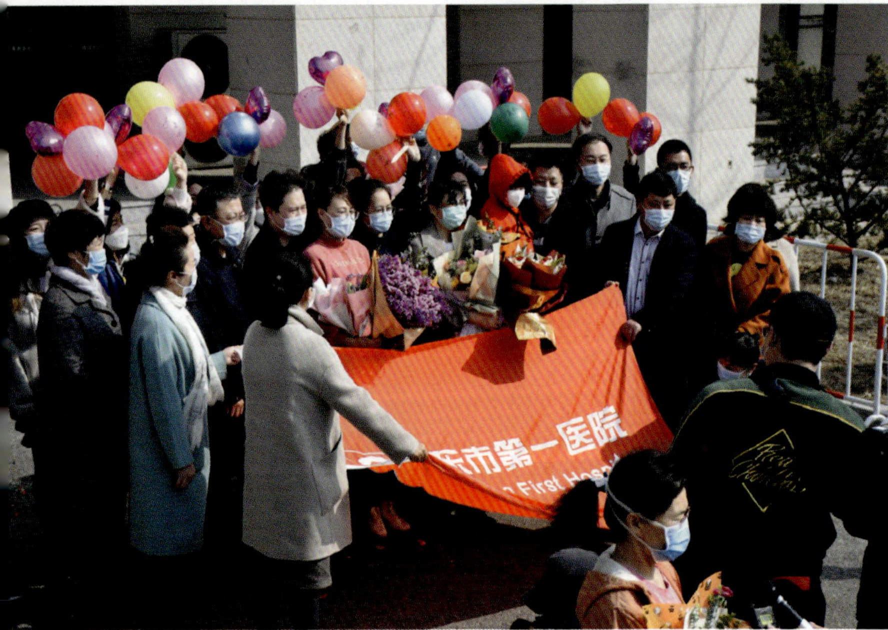

欢迎白衣天使回家 / 摄影：刘海东

敬而无畏 / 摄影：龚新萍

这“疫”年 / 摄影：马海浩

雨中惊喜 / 摄影：郝金城

抗疫英雄凯旋／摄影：费瑞涛

疫情下的护鸥志愿者／摄影：赵剑波

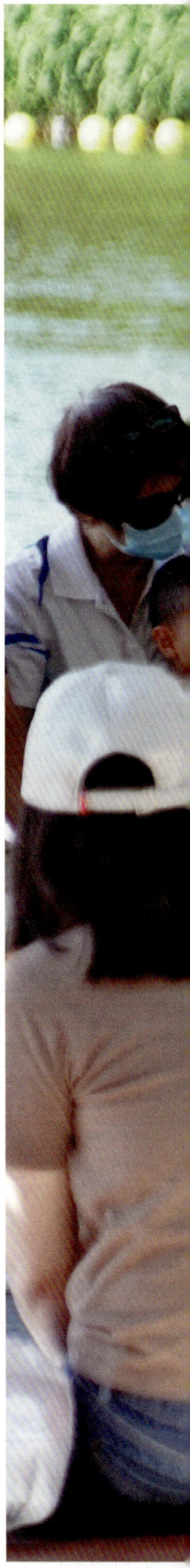

探戈 / 摄影：朱洪宇

面花贡品 / 摄影：贾云萍

过河 / 摄影：邓　海

国家工厂 / 摄影：吕金江

陪伴 / 摄影：胡沛红

沈阳中街改造迎来华丽蜕变 / 摄影：李永宏

甜 / 摄影：崔学鸿

角儿 / 摄影：韩　菲

香作坊 / 摄影：陈靓珂

小井 / 摄影：周一渤

中秋烧油塔 / 摄影：陈汝纬

城市面孔 / 摄影：费华文

乌桥棚户区百姓过元宵节／摄影：蔡焕松

那些年——黑白系列 / 摄影：王培权

民俗 / 摄影：张伟东

养驴致富奔小康 / 摄影：顾建华

设备好齐全呀 / 摄影：刘　忠

街头合唱团 / 摄影：宋春宇

老年模特队 / 摄影：翟　军

陕西球迷面面观 / 摄影：宋渭涛

冲刺 / 摄影：陶　云

中国力量 / 摄影：苏宏斌

滑石矿车间 / 摄影：于大力

漂 / 摄影：郑云文

菌菇致富 / 摄影：王 娟

种桑养蚕 / 摄影：王信东

锻打成型／摄影：俞芝娟

铁花飞溅／摄影：俞芝娟

小憩 / 摄影：赵长森

三座店秧歌 / 摄影：毛立双

我的世界我做主/摄影：田 立

贵州西江苗寨长桌宴 / 摄影：杨展凌

中西文化 / 摄影：黄明辉

小城婚礼 / 摄影：田 萍

柚山 / 摄影：梁霭婷

过年 / 摄影：卓福民

劳动乐 / 摄影：沈　洵

唐陵下晒麦 / 摄影：史志辉

乡村旅游助小康 / 摄影：周荣生

渔家女的早晨 / 摄影：郭　明

童年时光 / 摄影：路中秋

在深圳长大 / 摄影：石丕民

领舞 / 摄影：包 威

附近的人 / 摄影：韩雪涛

岗位 / 摄影：杨　光

牧归 / 摄影：李文梁

火爆的海鲜第一大锅 / 摄影：刘晓阳

冬捕 / 摄影：严国良

进站口 / 摄影：文野

非遗人 / 摄影：张 辉

菠萝“纵队”/摄影：钟观永

赶集归 / 摄影：王述慷

竣工时刻 / 摄影：胡　晶

忙碌的清晨 / 摄影：张　颖

长城砖墓碑 / 摄影：杨越峦

古堡新风 / 摄影：杨越峦

肖像照 / 摄影：封建平

破茧 / 摄影：文建军

家山水——春山 / 摄影：史民峰

在都市 / 摄影：徐桂明

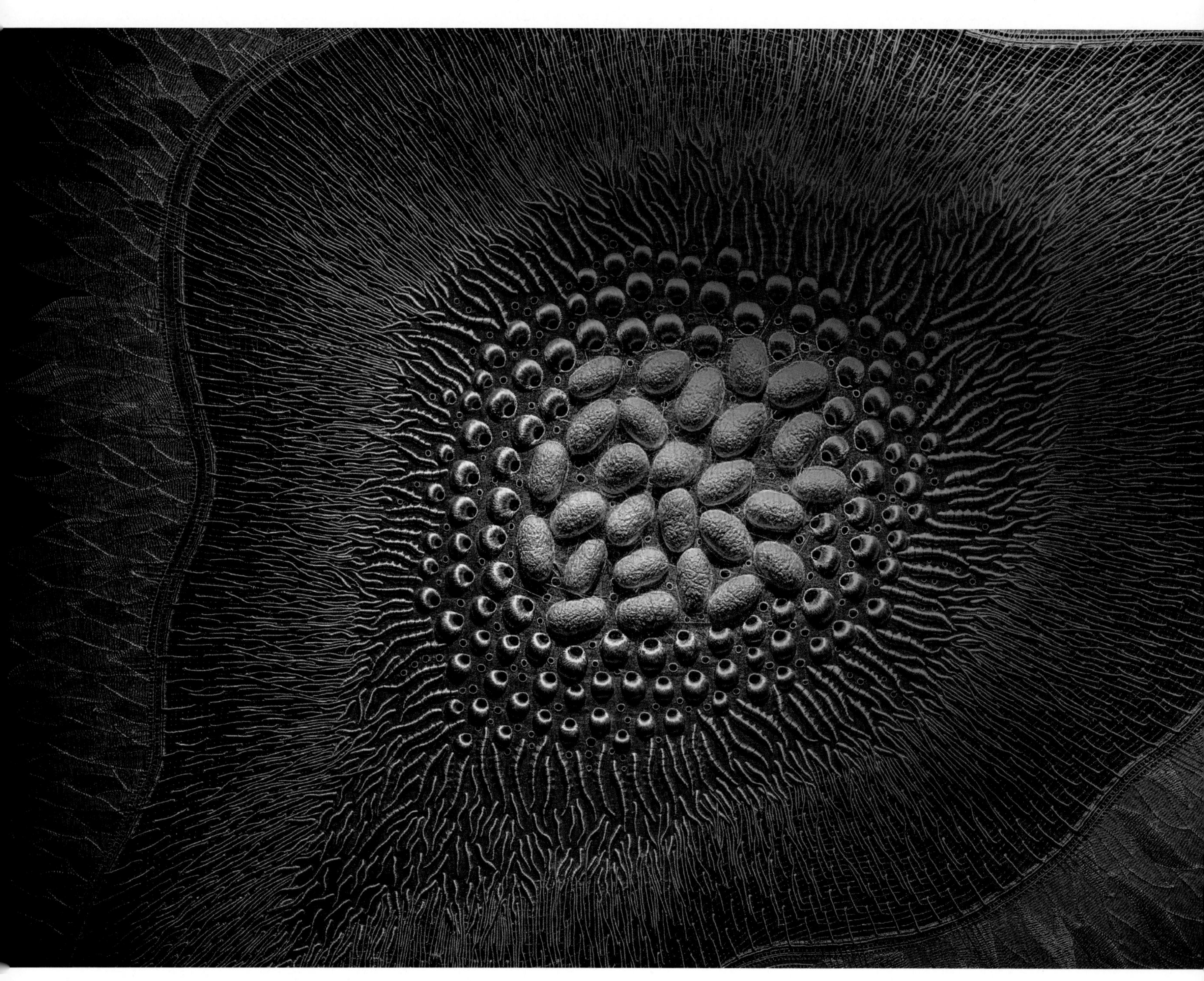

台绣——千百年的文化与匠心 / 摄影：金南洋

石之观 / 摄影：李宝生

无处安放 / 摄影：林简娇

雪湖 / 摄影：顾 勇

梦中太阳／摄影：方春宝

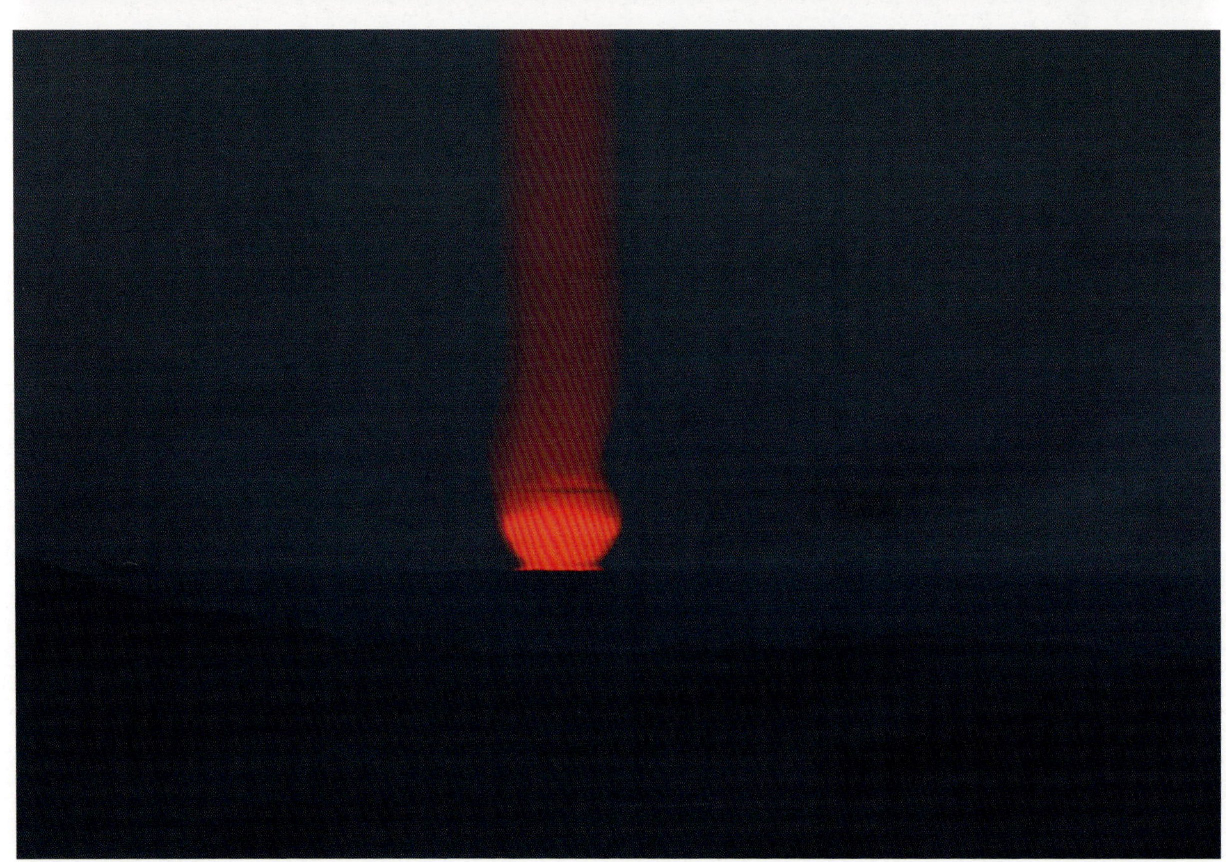

幻境异彩 / 摄影：夏 斌

5G / 摄影：任洪建

策马如风 / 摄影：朱 英

模特 / 摄影：郝远征

多维的仰望 / 摄影：王伟露

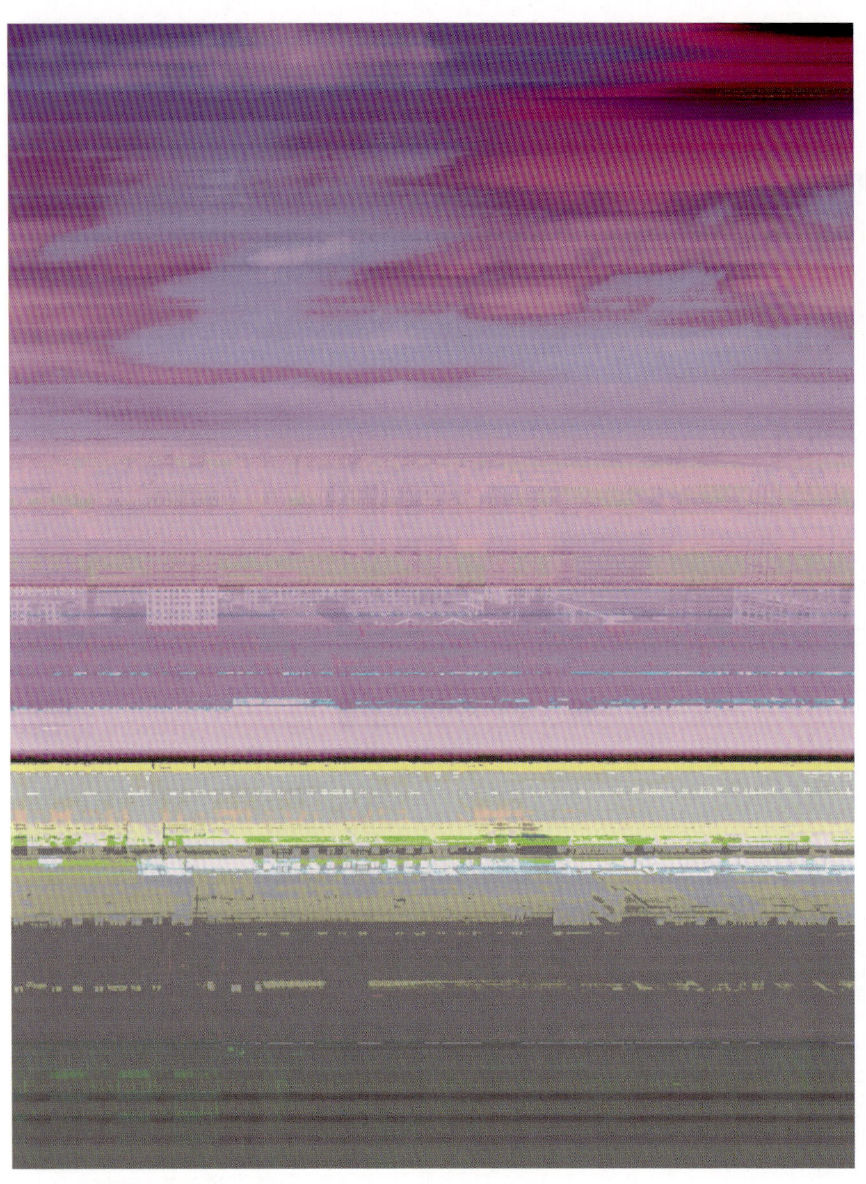

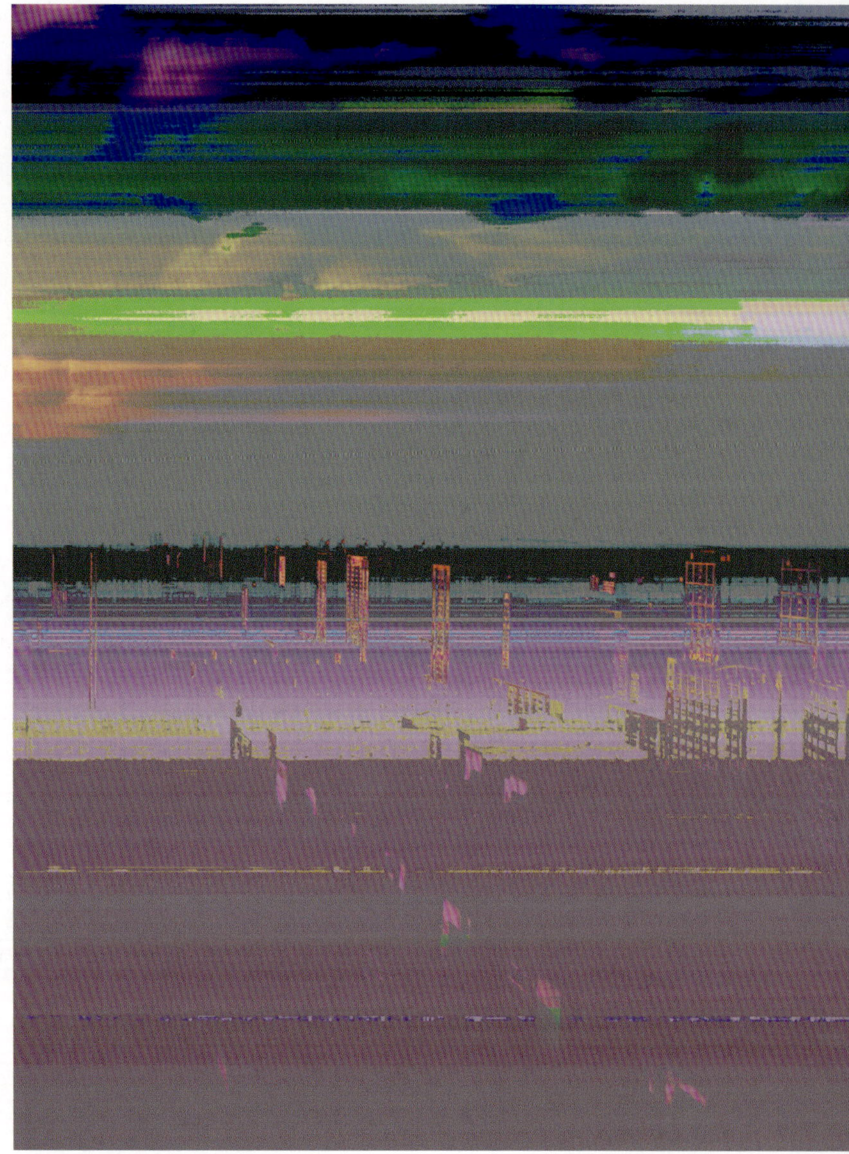

城市・意象 / 摄影：孙小川

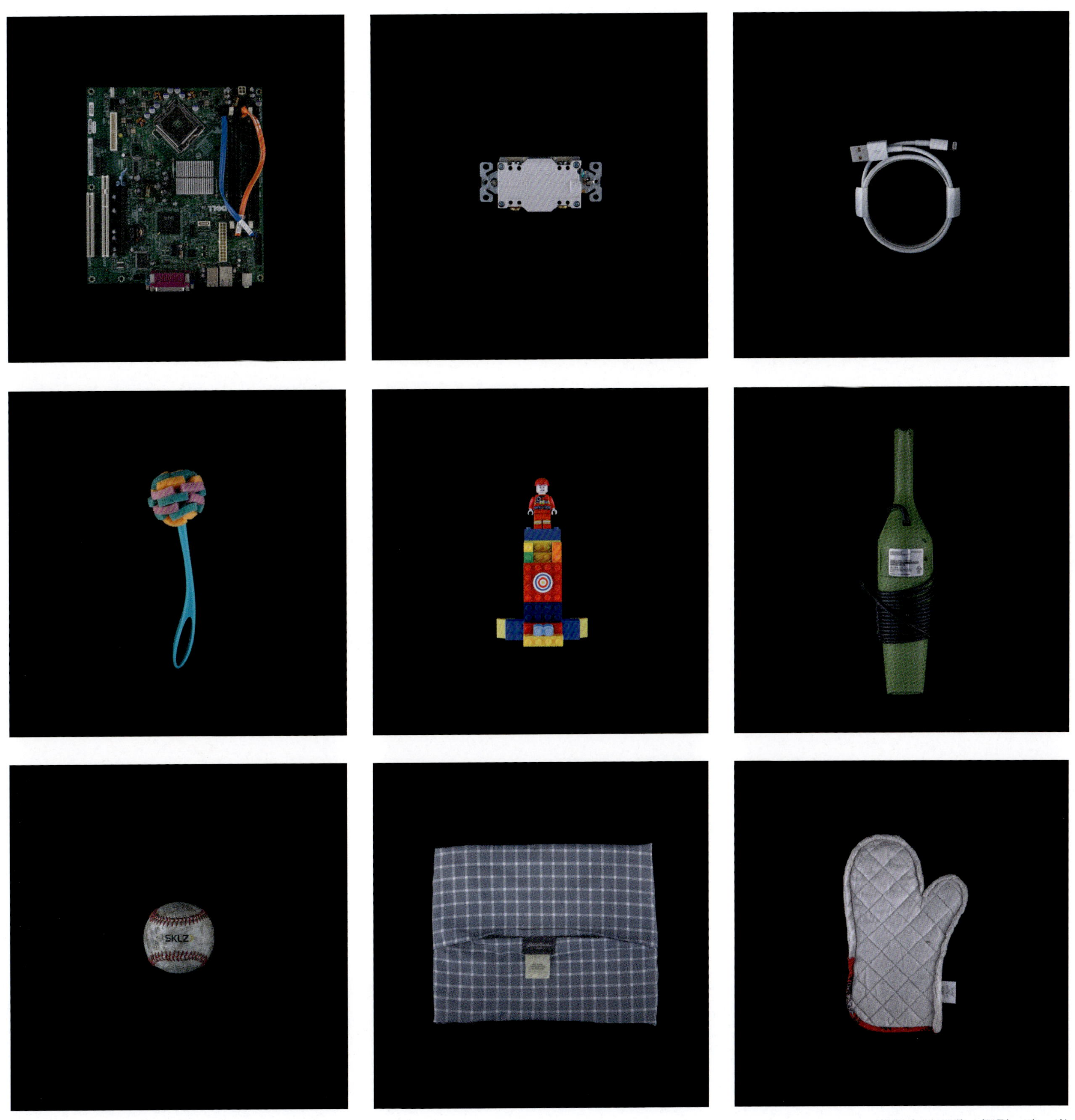

贸易商品图鉴 / 摄影：李　崧

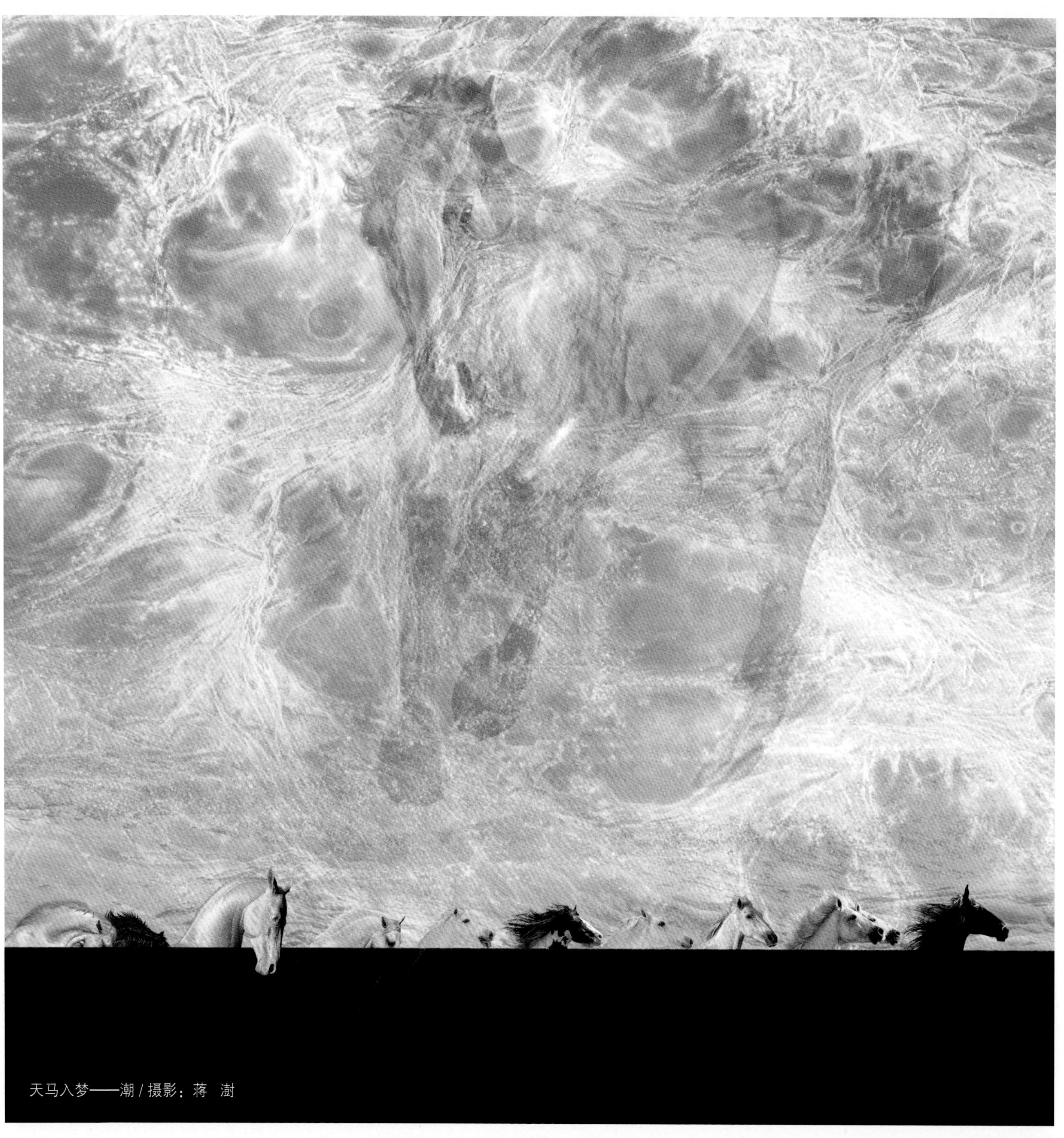

天马入梦——潮 / 摄影：蒋　澍

天马入梦——逸 / 摄影：蒋 澍

进行曲 / 摄影：石华安

网红打卡地 / 摄影：张　怡

纵横天地 / 摄影：洪宗洲

勇往直前 / 摄影：郭　颖

透视之窗／摄影：杜　娟

浅墨荷塘 / 摄影：牛月红

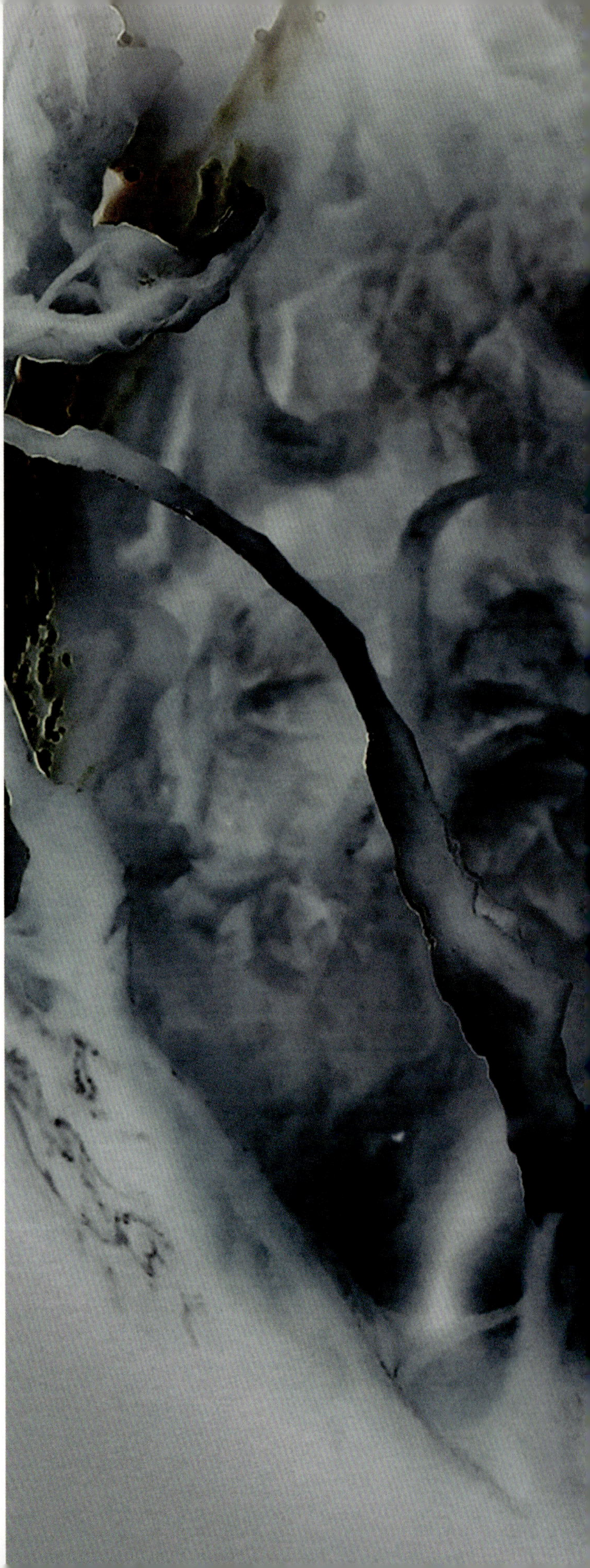

妙境求 / 摄影：武永明

偏是今年梨花疼 / 摄影：王乃功

水中仙子 / 摄影：赵肇军

骑迹 / 摄影：薛德龙

童年的欢乐堡 / 摄影：刘　昶

林 / 摄影：靳春来

街头画廊 / 摄影：王柏跃

浙江塘栖 / 摄影：张晓萌

鼓与舞 / 摄影：蒋光哲

众生相 / 摄影：林庭年

妈妈时尚秀 / 摄影：李艺文

维度 / 摄影：郑 瑶

迷离 / 摄影：朱丽娜

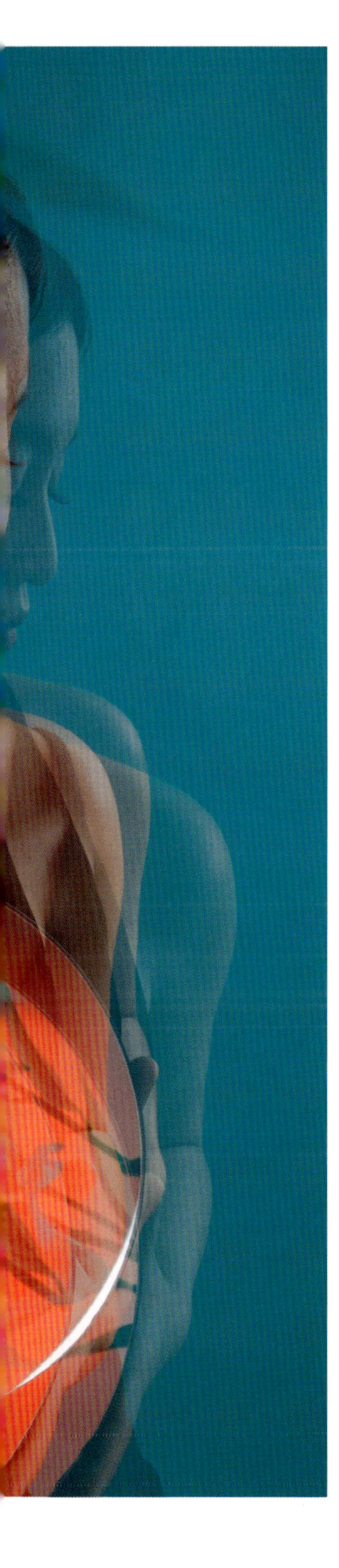

BLOOM——绽放 / 摄影：高思佳

理发迪斯科／摄影：崔建玲

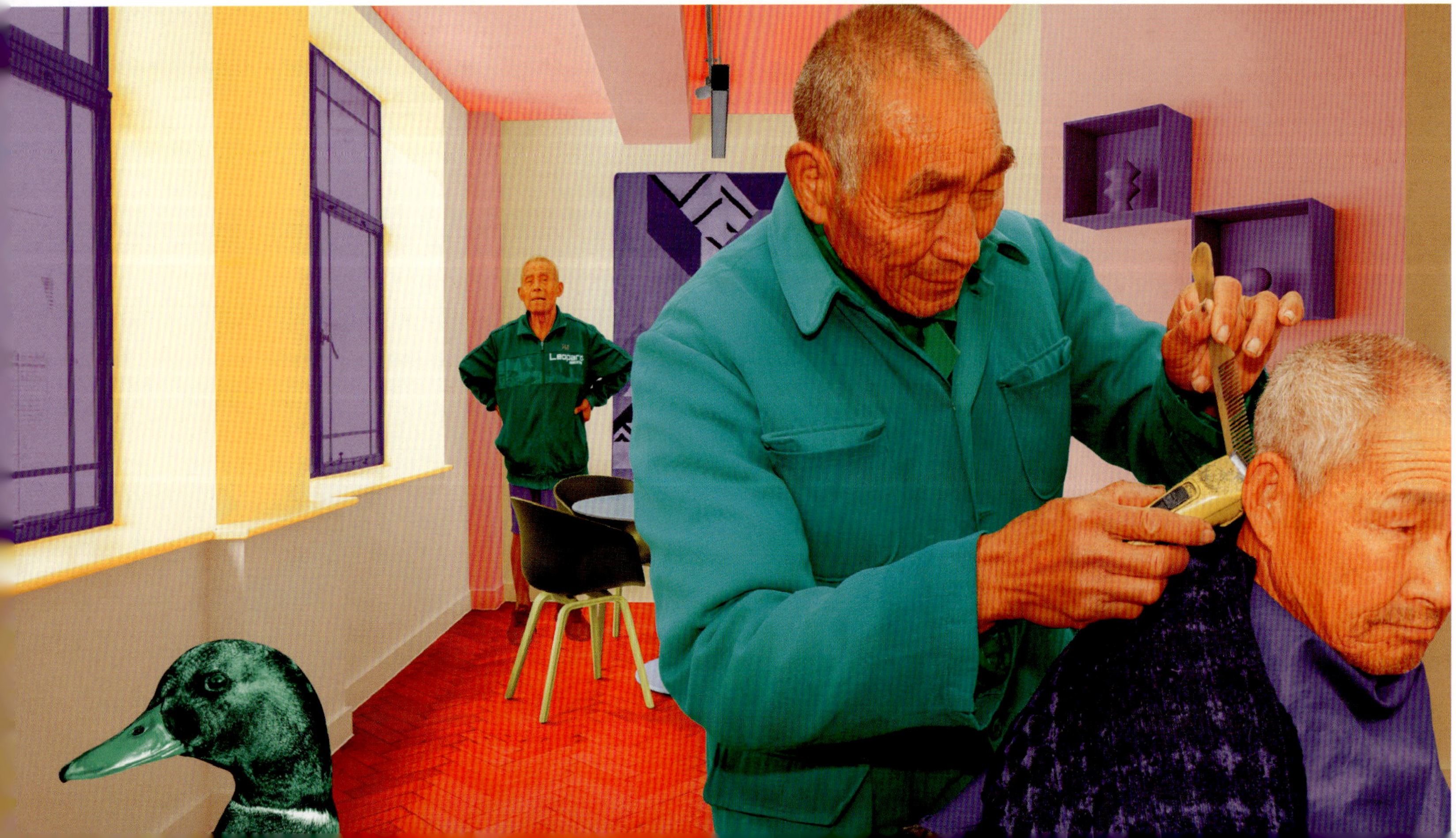

雪落无声 / 摄影：徐　博

为肩负起为中国摄影事业发展、培养新希望新人才的责任和使命，平遥国际摄影大展“PIP 青年策展人培养计划”在2016 年应运而生。这一计划让年轻的策展人直接融入国内外知名策展人的展览活动中来，搭建了中国青年策展人与国际策展人之间沟通与交流的桥梁，至今已成功举办五届。2018 年女性展的策展人孙颖，就是从这个培养计划中脱颖而出的年轻力量。2020 年大展首次设立“中国青年摄影推广计划”，旨在发掘创作型青年人才、寻求多元化影像作品，为青年摄影人搭建起专业的影像展示和推介平台。

■ 2020年，平遥国际摄影大展艺术总监张国田与第5届“PIP青年策展人培养计划”项目人员座谈

胸怀全球视野，打造交流平台

20 年来，平遥国际摄影大展以其独特的文化艺术魅力与世界对话，实现了历史与现实的碰撞、传统文化与现代艺术的融合，不断连接起中国摄影与国际摄影之间的艺术交流。

回顾大展 20 年历程，累计吸引了 130 多个国家 5.4 万余人次的中外摄影师参展，展出摄影作品 28.2 万余幅，观展人数超出500 万人次。蜚声世界的马克·吕布、罗伯特·弗兰克、罗伯特·普雷基、阿尼亚兹、何奈·布里、约瑟夫·寇德卡、 让·皮埃尔·拉丰、尼尔·斯莱文、弗拉基米尔·维亚特金等几十位世界顶级摄影大师和350多位在国内外享有盛誉的优秀策展人曾亮相大展；46个国家和地区的摄影师、摄影机构前来参加展览，涵盖了亚洲、欧洲、非洲、南美洲、北美洲及大洋洲等6大洲。

大展还与英国利物浦摄影节、美国亚历克夏基金会、澳大利亚巴拉拉特摄影节、澳大利亚Head On摄影节、古巴摄影博物馆等建立了长期且密切的合作关系，吸引了众多的国际顶尖摄影人到平遥参展和策展。大展深耕国际化水平，吸纳了国际摄影重要流派，如杜塞尔多夫学派等前来参展，不断开拓中国摄影的世界版图。

■ 2018年，第18届平遥国际摄影大展，尼尔·斯莱文（Neal Slavin）首度来华举办其展览《尼尔·斯莱文：团体与秩序》，图为尼尔·斯莱文为观众现场讲解

■ 2007年，美国摄影家罗伯特·弗兰克在平遥国际摄影大展现场

在“请进来”的同时，平遥国际摄影大展更加注重推动中国摄影人“走出去”开展文化活动，一批具有当代摄影思维的中国摄影人，如王庆松、刘铮、史国瑞、杜子、姜健等，在国际间展示的作品兼具中国社会文化元素与当代摄影技艺，他们讲述的中国故事深刻真实、引人入胜，他们的影像语言堪称独特新颖。通过平遥国际摄影大展这一平台的助推展示，他们迅速在国际当代摄影领域中成为中国摄影人的优秀代表。众多青年学子也通过大展平台走向了世界。

21 世纪是互联网、数码摄影大发展的重要时期，平遥国际摄影大展从创办之日发展至今，全面见证了数字影像全球化发展的完整过程。大展通过影像的强大传播力，不断推动中国文化走向世界。

2017年，第17届平遥国际摄影大展国际作品展现场讲解

2006年，平遥国际摄影大展联合国巡展

肩负大展使命，推动摄影文化产业发展

作为最重要的中国摄影节庆活动，平遥国际摄影大展一直处于时代前沿，在 20 年中国摄影艺术发展进程中，“平遥印记”留在了许多重要时刻，影响和推动着中国摄影文化产业的发展。

经过20 年的发展，平遥国际摄影大展已经成为中国连续举办时间最长、规模最大、极具影响力的国际性摄影文化活动，是山西省重点打造的五个著名品牌展会之一，曾获“IFEA 中国最具国际影响力十大节庆活动”“中国十大最具潜力节庆”“中国节庆产业十大品牌节庆”“中国创意城市文化节庆名片”等荣誉，成为推动国内外摄影艺术发展、引领各种摄影流派和举办顶级学术活动的重要力量。

平遥国际摄影大展是包容和多元的，在20年的成长历程中，各种风格的摄影表达、形式、流派在大展中尽情展示。大展的舞台是多彩的，纪实摄影、观念摄影、当代艺术独具特色、各领风骚，而且互相借鉴融合，并不断成熟，共同构成中国摄影文化事业的生态格局，也为大展在国际摄影界赢得了赞许，彰显了独特的价值。同样，在图片和影像高度社会化、产业化的时代，平遥最早提出了摄影产业化和市场化的概念。中国图片产业的现状如何，面临的问题和机遇是什么，怎样设计和规划未来中国图片产业发展的方向，怎样与国际图片产业接轨、共谋发展等问题，在平遥国际摄影大展的发展进程中均能找到答案。

全国政协常委，中国文联党组成员、副主席李前光以及中国摄协分党组书记、驻会副主席郑更生等领导莅临2020第20届平遥国际摄影大展调研指导，详细了解近年大展规模、参展人数和多年来的运作模式，并与参展摄影师、策展人进行深入交流，了解画廊交易区的运作和图片市场现状，对平遥大展给予高度评价。李前光指出，“一个摄影展，带动了一座城的发展”，平遥古城申遗成功后，多年来借助影像的传播力得到迅速传播，极大地带动了平遥当地文化旅游的发展。他强调，平遥国际摄影大展“PIP文化品牌”是古城平遥旅游文化发展的重要推动力，是大展用20年信誉树立起来的城市文化地标，20年来平遥国际摄影大展让中国摄影在国际上获得了重大影响，对于传播中国文化、树立中国形象和推动中国摄影事业的发展都起到重要作用。

美国社会哲学家刘易斯·芒福德在《城市文化》一书中提到：“城市是文化的容器，专门用来储存并流传人类文明的成果，储存文化、流传文化和创新文化，这大约就是城市的三个基本使命。”这三个使命也正是文化城市发展的内在规律和所追求的终极目标。作为最重要的中国摄影文化活动，身处时代前沿的平遥国际摄影大展20年来一直滋养着平遥古城，已成为平遥特有的名片，影响并推动着中国摄影文化向前发展。

2020年，中国文联党组成员、副主席李前光，在山西省政协原副主席、中华文化促进会副主席、山西中华文化促进会主席姜新文，中国摄协分党组书记、驻会副主席郑更生，山西省文联党组书记、主席郭健等陪同下参观平遥大展20年文献学术展

平遥国际摄影大展

2013年平遥国际摄影大展评审委员会大奖

■ 获奖人：杜剑锋

平遥国际摄影大展

2014平遥国际摄影大展终身成就奖

■ 获奖人：袁毅平

平遥国际摄影大展

2018年平遥国际摄影大展优秀摄影师奖

■ 获奖人：周　民

平遥国际摄影大展

2019庆祝中华人民共和国成立70周年
“我们”主题展选用作品

摄影：刘鲁豫

摄影：居　杨

摄影：柳　军

大理国际影会

DALI INTERNATIONAL
PHOTOGRAPHY EXHIBITION

大展简介

大理国际影会简称DIPE（Dali International Photography Exhibition），是由大理州委州政府主办，落地于大理的国际性影像盛会，是世界知名且有影响力的文化艺术活动之一。以“影像看世界，典藏看大理”为核心理念，独辟蹊径，是国内首个致力于探索与推动中国影像收藏市场发展的国际性摄影节。第一届大理国际影会自2009年拉开帷幕，每年一届，从2015年开始改成双年展，逢单数年举办一次，到2019年已经成功举办了八届，并于2013年成为由国家民政部与国家旅游局颁布的“中国最具影响力十大节庆”之一。

大理国际影会依托大理深厚的历史积淀、璀璨丰富的民族文化和神奇壮丽的自然风光，充分运用国内外的摄影资源和人文资源，在宣传大理的同时，也深刻体现出了影会的国际性、艺术性和群众性。从影会落户大理开始，它就已经成为艺术家和老百姓共享的节日盛会。

2015年由大理国际影会发起，新加坡国际摄影节和孟加拉国Chobi Mela国际摄影节共同参与组织的一带一路国际摄影节主席联盟（简称DIPE国际摄影联盟）在大理成立，并发布了宣言。到2019年，已有超过20个国家的60多个国际摄影节及影像艺术机构、院校加入联盟，联盟始终坚持“为亚洲发声，与世界交流”的理念，通过促进和深化大理本地区及国际间区域摄影文化的交流与合作，给摄影人打造一个文化交流的圈层，给文化机构搭建一个连接世界的舞台，给文化与商业嫁接创造一个合作共赢的平台。通过多领域、多层次的文化交流与互动，实现中国与南亚、东南亚、欧美各国在摄影领域“共识相通、文化沟通、平台联通、合作畅通、产业融通”，将最具价值的艺术成果推出亚洲，走向世界。

如今在影会强大的影响力与号召力之下，每一届大理国际影会都会吸引近300万的观众前来大理参展、观展和旅游，其中包括国内外著名摄影师、策展人、评论家、VIP藏家、媒体以及各艺术机构。这是一个既注重艺术价值、社会价值，也注重商业价值的盛会，更是一个给摄影艺术家和摄影作品提供更多商业机会的国际交流大平台。

开幕式

会场照片

手机拍大片
手机拍大片

颁奖典礼

DIPE
2019
大理国际影会
DALI INTERNATIONAL
PHOTOGRAPHY EXHIBITION

2019
生活在别处
LIFE IS ELSEWHERE
17/AUG—21/AUG
万相·众享
ALL-INCLUSIVENESS
大理国际影会
DALI INTERNATIONAL
PHOTOGRAPHY EXHIBITION
第八届DIPE
THE 8TH DALI INTERNATIONAL PHOTOGRAPHY EXHIBITION
大理国际影会
大理国际影会
DALI INTERNATIONAL
PHOTOGRAPHY EXHIBITION

2019
生活在别处
LIFE IS ELSEWHERE
17/AUG—21/AUG
万相·众享
ALL-INCLUSIVENESS
大理国际影会
DALI INTERNATIONAL
PHOTOGRAPHY EXHIBITION
第八届DIPE
THE 8TH DALI INTERNATIONAL PHOTOGRAPHY EXHIBITION
大理国际影会
DALI INTERNATIONAL
PHOTOGRAPHY EXHIBITION

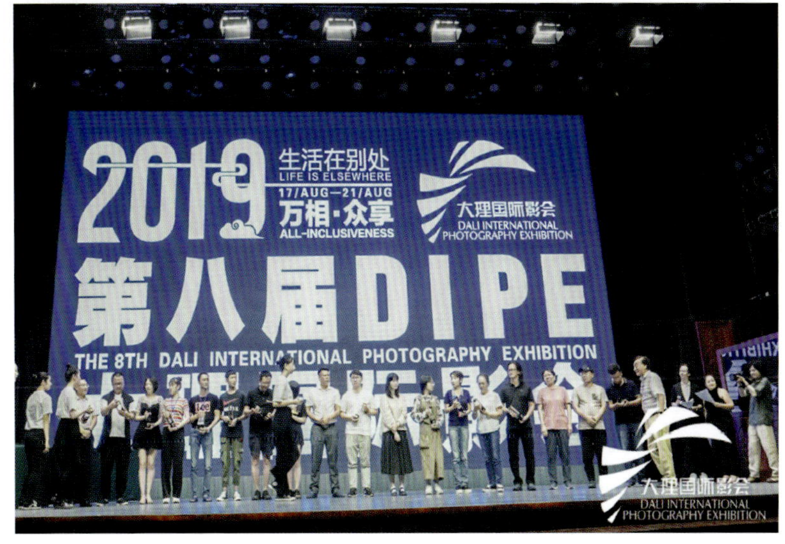

大理国际影会

金翅鸟最佳单幅奖获奖作品

1秒钟的凝视 / 摄影：燕苍娜

金翅鸟最佳单幅奖入围作品

左部　演员·山西·2019 / 摄影：黄秋杰

右上　人世间 / 摄影：梅　生

右下　181度 / 摄影：长谷良树

大理国际影会

金翅鸟最佳摄影奖获奖作品

受污染的土地 / 摄影：Suvra Kanti Das

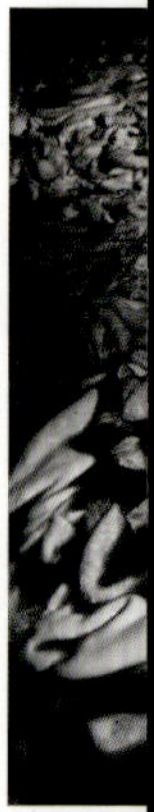

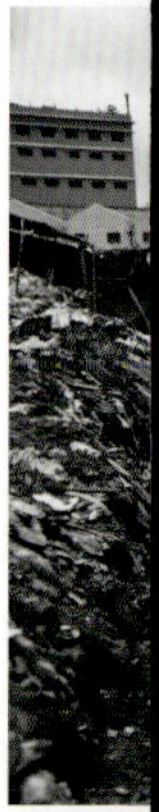

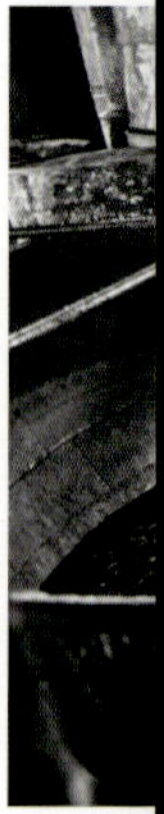

大理国际影会

金翅鸟最佳摄影师获奖作品

十年寻羌 / 摄影：高屯子

故国 / 摄影：邸晋军

比基尼日记 / 摄影：小原一真

水之状态 / 摄影：Brad Temkin

口岸 / 摄影：徐波

大理国际影会

金翅鸟最佳新锐摄影师获奖作品

浪潮 / 摄影：千贺健史

金翅鸟最佳新锐摄影师入围作品

微观 / 摄影：孙　海

中国狗市 / 摄影：徐建东

共存 / 摄影：Md Enamul Kabir

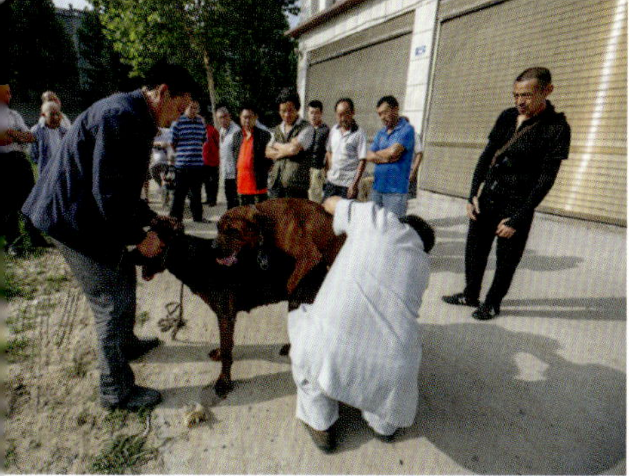

童谣 / 摄影：于 筱

北京国际摄影周

PHOTO BEIJING

大展简介

北京国际摄影周由中华人民共和国文化和旅游部、北京市人民政府主办，中国艺术摄影学会、中国摄影家协会、中国新闻摄影学会、中国图片集团和北京歌华文化发展集团承办，分设“开幕活动”“系列展览”“讲座论坛”“摄影市场”“专题活动”等五个板块，是具备国际性、专业性、创新性和传播性的大型摄影主题活动。活动以立足首都、服务全国、走向世界为目标，坚持开放的国际交流宗旨和一贯的学术创新理念，是中国具有较高规格、较大国际影响力的公益性摄影主题公共文化活动。自2013年创办以来，已经成功举办八届，累计吸引30多个国家的1200余名摄影师及50余家摄影专业机构参与其间，现场观众达200余万人次，通过线上相关渠道有效覆盖近3亿人。该活动已成为弘扬社会主义核心价值观和推动构建人类命运共同体的展示与传播平台、国际摄影周（节）的双向交流推介平台、摄影艺术与最新科学技术研究成果的融合实验创新平台和以专题摄影展为主体内容的公共文化产品与服务的供给平台。通过展览展示、专题推介、教育传播等手段，向全球的博物馆、美术馆、艺术馆、文化馆、画廊、文化交流中心、会展中心等机构、实体或个人进行全面推介，建立平台化模式与规模化流通，实现文化事业与文化产业在供给层面的深度融通。

开幕式

系列展览

讲座论坛

摄影市场

专题活动

北京国际摄影周

PHOTO BEIJING

展览综述

北京国际摄影周经过8年的发展，特别是在展览上持续推进项目专业化、国际化及市场化发展，围绕首都全国文化中心、国际交往中心建设目标，旨在以摄影为媒介，创新当代文化；以摄影为纽带增进各文明、各民族间文化交流；以摄影为载体，为人民提供优质的公共文化产品与服务。

8年来，北京国际摄影周展览板块主要工作围绕“四个平台”的功能建设开展：一是通过策划一系列紧贴时政热点的主流摄影展，搭建弘扬社会主义核心价值观的展示与传播平台；二是通过摄影这一全人类通用的世界语言，搭建国际摄影周的双向交流推介平台；三是搭建摄影艺术与最新科学技术研究成果的融合实验创新平台；四是搭建以专题摄影展为主体内容的公共文化产品与服务的供给平台。

首先，充分发挥首都北京的地域优势，结合国内国际热点和当年的学术主题，通过多视角、多维度、多参与人群的系列主流展览，提出“一加二”内容策划模式，为展览的常态化、体系化运行夯实了基础。“一加二”模式即一个学术主线加两个内容主线模式，其中学术主线每年不同，两个内容主线之中，以一带一路倡议国际交流为固定主线，另一个内容主线则根据不同年份策划了近5年的主流展览规划，具体为：“改革开放40周年”（2018年）、“新中国成立70周年”（2019年）、“全面建成小康社会”（2020年）、“建党100周年”（2021年）和“北京冬奥会”（2022年），向大众宣传国家形象，全面展现我国在经济建设、政治建设、文化建设、社会建设、生态文明建设方面所取得的成就，以此形成北京国际摄影周作为国家级摄影文化活动的品牌影响力。

其次，在搭建国际双向交流推介平台上，更加注重加强与国际摄影周（节）、摄影机构和组织的合作，一方面建立并打造“摄影节中摄影节”品牌概念，邀请国内外知名摄影周（节）在京举办专题推介展，至今已累计推介国内外摄影周（节）几十个，涵盖瑞士、法国、澳大利亚、土耳其、荷兰、德国、新西兰等国家。同时，北京国际摄影周走进了意大利、乌克兰、巴西、斯里兰卡、澳大利亚、罗马尼亚等国家。另一方面邀请国际著名摄影大家并展出其经典作品，成为最受观众瞩目和期盼的国际品牌展。同时，为了加强青少年之间的国际文化交流，举办“丝路国家青少年国际摄影竞赛获奖作品展”，让摄影作品成为连接世界青少年友谊的新丝路。充分发挥品牌文化活动在国际交流中的桥梁作用，使摄影周国际展览无论从欣赏性、专业性或权威性都具有与国际接轨的高端品质，因为其高学术性、高专业性的国内外大型展览，使中国摄影界有机会吸收和借鉴世界摄影领域最璀璨的成果，也让中国摄影爱好者有机会直面难得一见的珍品佳作。

另外，在搭建摄影艺术与最新科学技术研究成果的融合实验创新平台方面，北京国际摄影周将“动态影像”作为沟通媒介，通过科技手段更丰富完美地呈现影像作品，以场景带动发展文化科技融合与摄影艺术跨界新模式，探索艺术与技术融合创新的多种可能性，为摄影周这个成熟的品牌项目注入全新的艺术血液，从而发挥首都文化内容供给的辐射带头作用。

一带一路展

抗战胜利70周年展

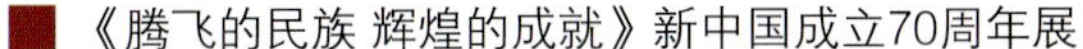

■《腾飞的民族 辉煌的成就》新中国成立70周年展

■ 改革开放40周年展

■ 脱贫攻坚展

“中国大阅兵——纪念中国人民抗战胜利暨世界反法西斯战争胜利70周年”大型图片展

“China’s V-Day Military Parade - in Commemoration of 70th Anniversary of the Victory of Chinese People’s Resistance against Japanese Aggression and WorldAnti-Fascist War” Large-Scale Photo Exhibition

策展机构：新华社图片中心、新华社摄影部
China International Culture & Image Communication Corporation (CIC),
Photographic News Department of Xinhua News Agency

策展机构
执行单位：摄影世界杂志社
PhotoWorld Magazine

支持单位：杭州立体世界科技有限公司
3D WORLD

主办单位：中华人民共和国文化部、北京市人民政府
承办单位：中国艺术摄影学会、中国摄影家协会、新华通讯社图片中心、北京歌华文化发展集团
协办单位：中国艺术研究院《中国摄影家》杂志社、北京市中华世纪坛艺术基金会

Host : Ministry of Culture of the People's Republic of China，People's Government of Beijing Municipality
organizer : China Art Photography Society，China Photographers Association，
Xinhua News Agency Image Center，Beijing Genua Cultural Development Group
co-organizer: Chinese Photographers，The China Millennium Monument · ART Foundation

国际摄影大师展

中国女摄影家协会展

北京国际摄影周2013“云影像”大众手机摄影活动
暨“手机让摄影更精彩”题材手机摄影大展

中国通信摄影协会

“云影像”手机摄影展

学术主题展

国际摄影节中节展

国际赛事展

国际摄影大师展

动态影像空间展

第十二届国际新闻摄影比赛获奖作品

策展机构:中国新闻摄影学会

国际赛事展

北京国际摄影周

PHOTO BEIJING

市场推介综述

北京国际摄影周自举办之初，就面向城市设立了以影像表达为手段，对城市的文旅资源、品牌资源、产业资源进行综合推介的板块，旨在发挥摄影周服务经济、服务社会、服务城市文脉传承传播、服务城市国际交流交往的功用。

北京国际摄影周作为大型文化会展平台与公共文化服务平台，持续关注城市文脉传承、关注城市文旅融合、关注城市产城融合。通过整合国内外优秀摄影师、摄影机构对城市进行多维度的影像采集与创意演绎，通过整合国内外优秀的策展人、文化学者对城市影像从题材、类型、技法、观念等多重角度，组织、策划、包装多项专题展览，推介到各级融媒体与各类文化消费渠道，实现城市文化影像的广泛交流和推广，实现文化事业与文化产业在供给侧层面的深层融通。

近年来，北京国际摄影周的“文旅融合资源推介展”专题展区，结合相关产业链环节发布与推介为核心功能，一方面从国内各地方城市及摄影创作基地推介入手，成功推出了宁夏、青岛、张家口、丹东、舒兰、梅河口、北大荒农场、伊春、黑河、大庆、乌兰察布、盘州、库布其、韩城、天目湖、三清山等各具特色的文化旅游资源推介展。另一方面着眼国际文化交流视角，组织策划了《世界百年第一街》、《世界城市文化地标》、《世界文化与自然遗产》等国际城市交流推介展，充分结合路演、地推、论坛等线上线下多种活动形式，为城市的综合推广探索出了全新的推介模式。

摄影周还通过影像的方式积极推动摄影文化与城市产业充分结合，摄影周推出的中国汽车文化展、北大荒现代化大农业主题摄影作品展、视觉新国企展等展览，突出记录和展示了城市产业与城市发展的融合态，城市品牌与高科技融合的新现象、新模式。摄影周还积极发挥行业专业地位影响，与多行业品牌进行融合，形成品牌展示的专业平台，视美乐激光投影机、VIVO手机、努比亚手机等科技品牌陆续登陆摄影周，通过在摄影周上的展示推介提升品牌的专业识别度，形成相互的赋能与加持。

北京国际摄影周得益于北京作为全国政治中心、文化中心、国际交往中心和科技创新中心的区位优势，得到了政府、国内外重要摄影周、国内外重要摄影机构、文化艺术界专家和广大社会公众的支持，秉持全球视野与民族守护，致力于建设成为国家形象的创新展示传播平台、国际摄影周的双向交流推介平台、摄影艺术与科学技术的融合实验创新平台、以专题摄影展为标的的公共文化产品与服务的供给平台、城市文化推广的赋能与传播平台。

冰雪奥运—冬奥城市风采展

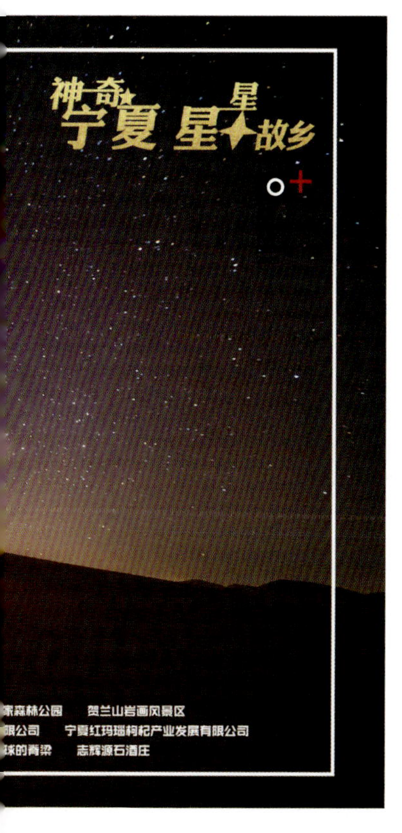

神奇
宁夏 星星故乡

宁夏星星故乡展

北京
国际摄影周
PHOTO
BEIJING
2017
多情海岸
摄影之旅
A TRIP TO AFFECTIONATE COAST
WITH PHOTOGRAPHY
——THE PHOTOGRAPHY EXHIBITION OF
THE WEST COAST NEW DISTRICT, QINGDAO
青岛西海岸新区摄影作品展

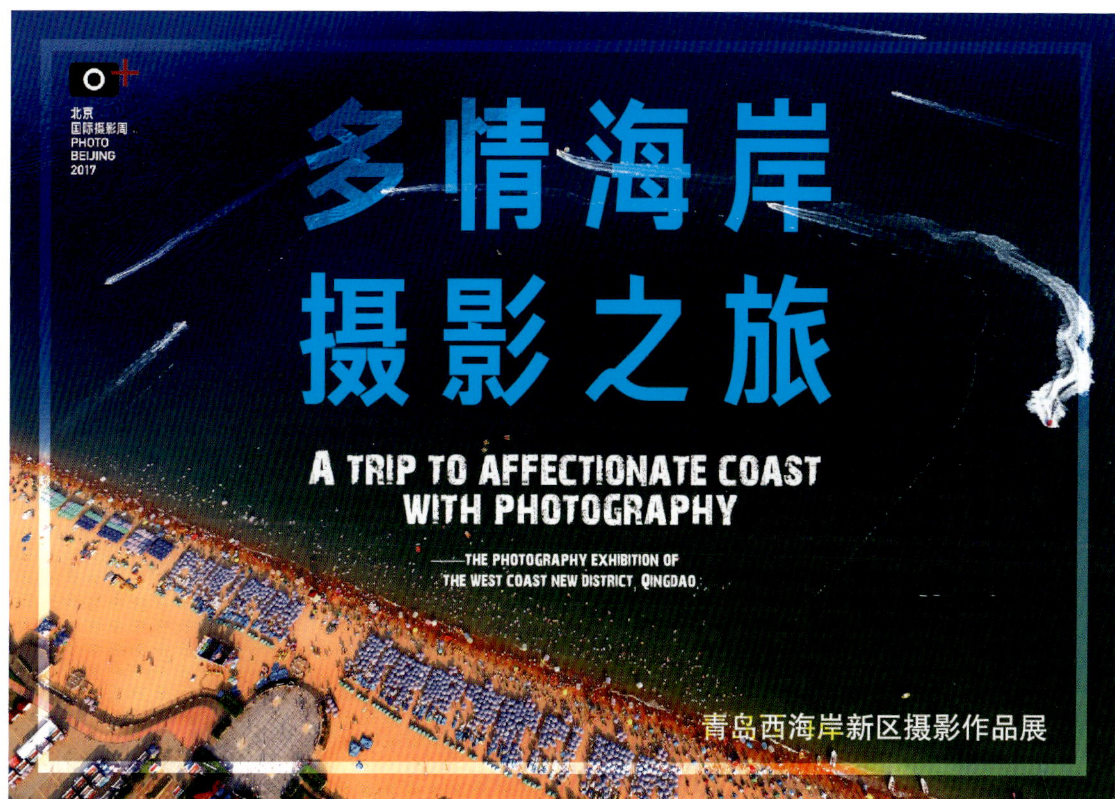

多情海岸，摄影之旅展

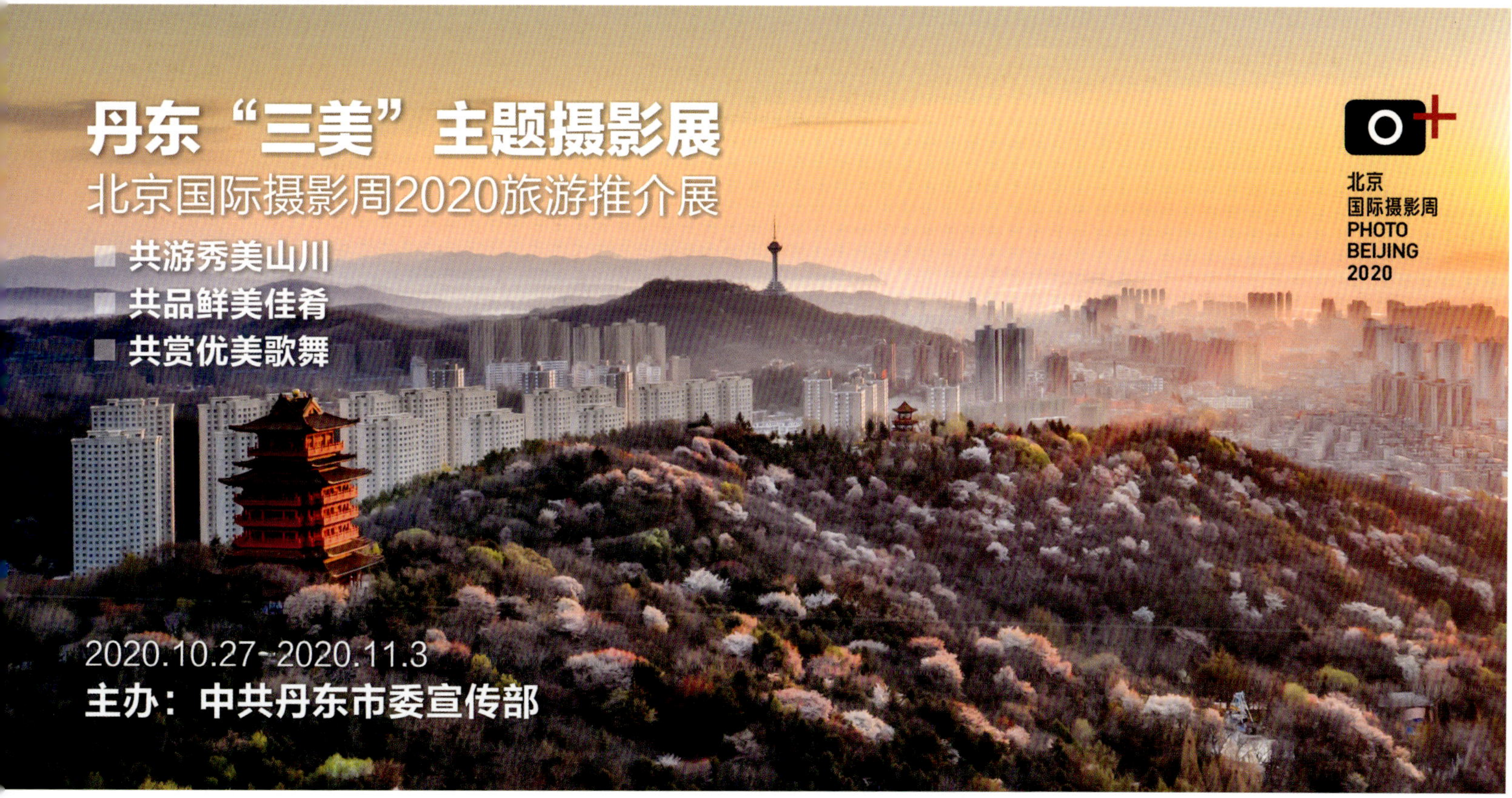
丹东“三美”主题摄影展
北京国际摄影周2020旅游推介展
共游秀美山川
共品鲜美佳肴
共赏优美歌舞
北京
国际摄影周
PHOTO
BEIJING
2020
2020.10.27-2020.11.3
主办：中共丹东市委宣传部

丹东三美主题摄影展

“诗与远方·一带一路” 世界自然遗产摄影展

"Poetry and Future – the Belt and Road" World Natural Heritage Photo Exhibition

主办单位： 中国艺术摄影学会　国际摄影艺术联盟
展览时间： 2020 年 10 月 27 日 – 2020 年 11 月 3 日
开放时间： 09:00 – 21:30（20:30 停止入场）
展览地点： 中华世纪坛当代艺术馆地下一层

Hosted by: China Artistic Photography Society
The International Federation of Photographic Art（FIAP）
Date: October 27, 2020 – November 3, 2020
Hours: 09:00 – 21:30（No admission after 20:30）
Location: B1, China Millennium Monument · Contemporary Art Museum

■ "诗与远方·一带一路"世界自然遗产摄影展

■ 百年中俄展

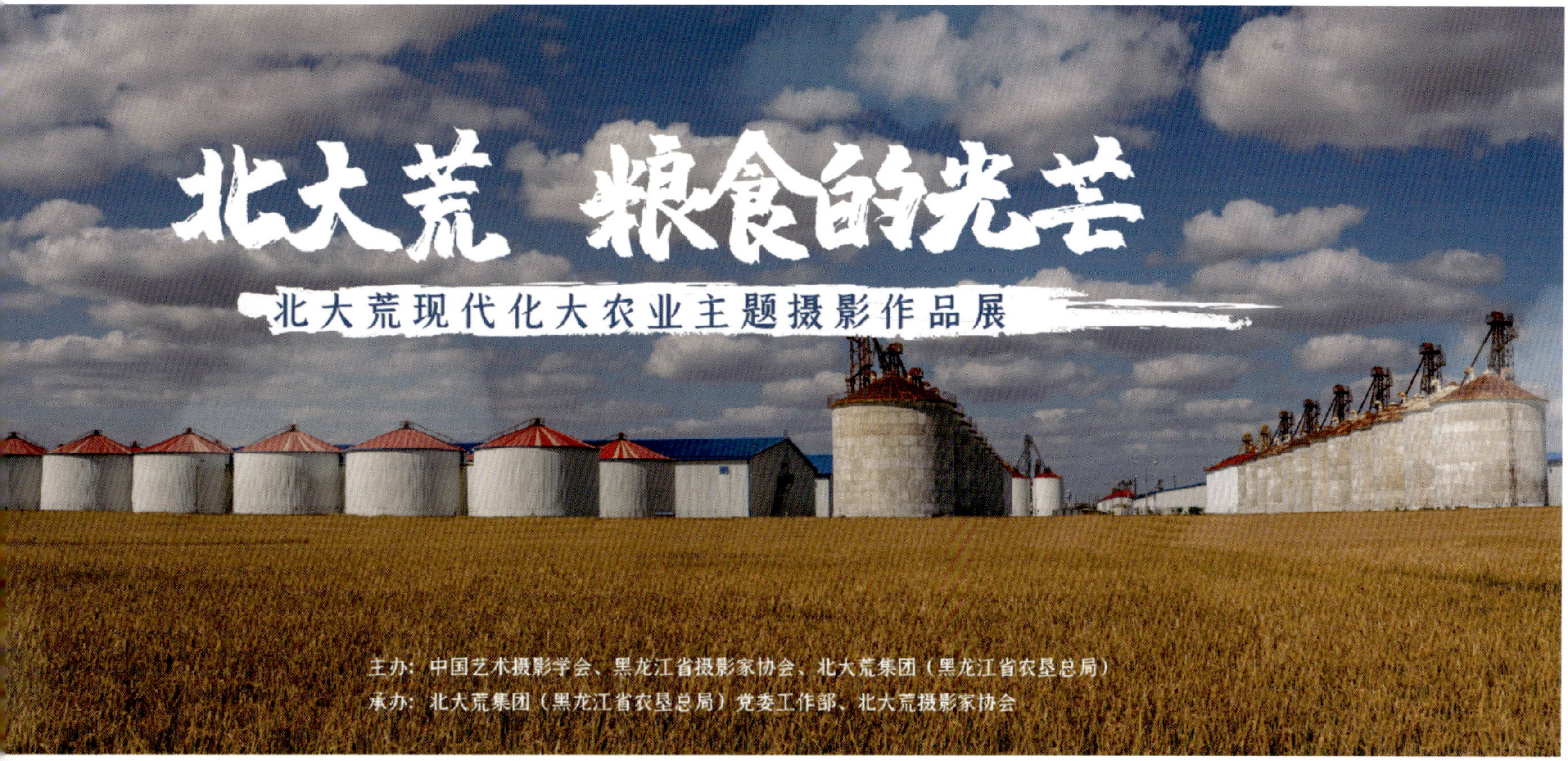
北大荒 粮食的光芒
北大荒现代化大农业主题摄影作品展
主办：中国艺术摄影学会、黑龙江省摄影家协会、北大荒集团（黑龙江省农垦总局）
承办：北大荒集团（黑龙江省农垦总局）党委工作部、北大荒摄影家协会

北大荒现代化农业主题摄影作品展

「黑土湿地」的审美意象
2018 双鸭山北大荒腹地摄影艺术展

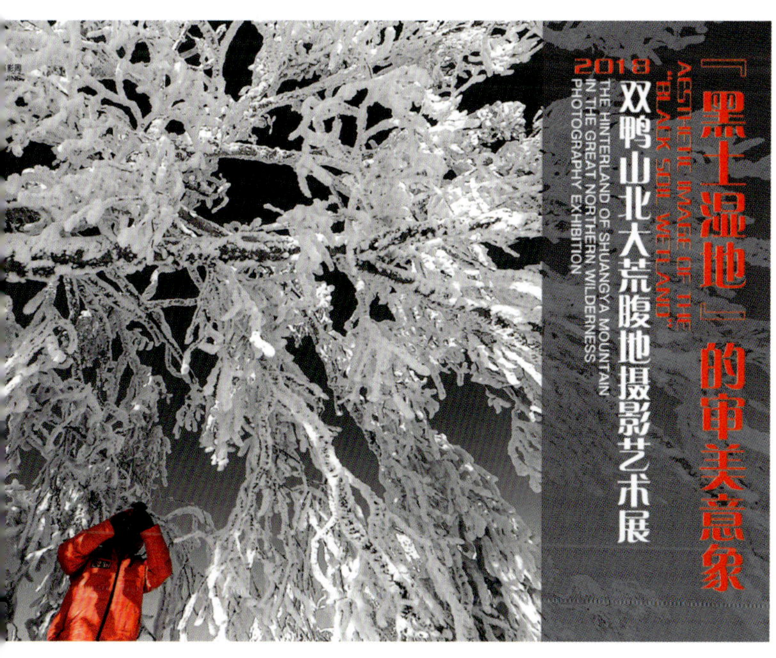

双鸭山展

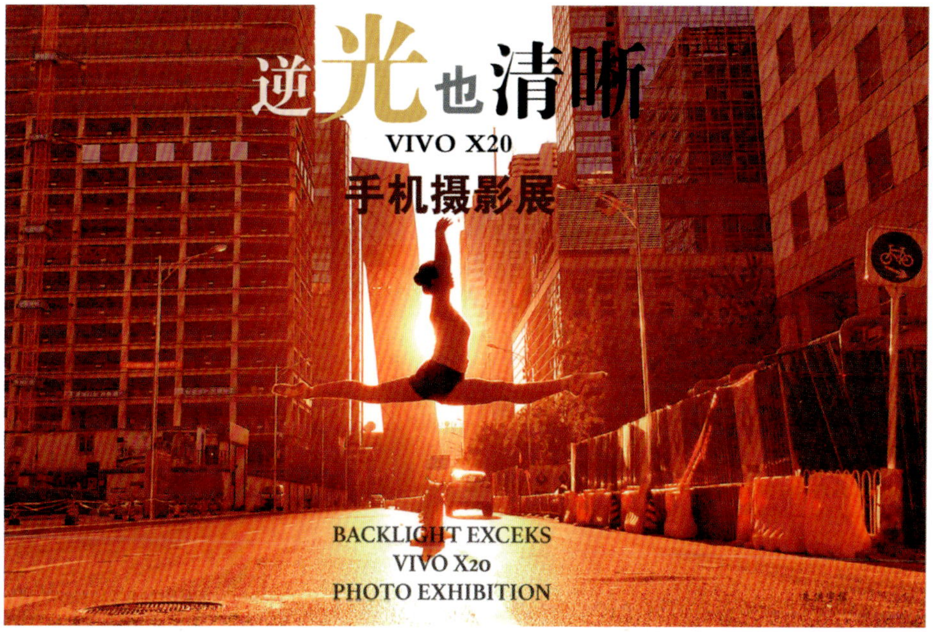
逆光也清晰
VIVO X20
手机摄影展
BACKLIGHT EXCEKS
VIVO X20
PHOTO EXHIBITION

VIVO品牌手机摄影展

连州国际摄影年展

LIANZHOU FOTO FESTIVAL

连州摄影节——一个山区小城创造的奇迹

中国摄影的风向标——连州

连州位于粤西北，隶属于广东清远。

连州国际摄影年展创办于2005年，是由中华人民共和国文化旅游部批准举办的大型世界性摄影盛会，被国内外业界认为是最具专业水准的中国摄影节，也是广东省“十一五”“十二五”“十三五”重点文化项目。

连州国际摄影年展是集学术性、探索性、国际性、开放性和全民性于一体的文化平台，用开放和广阔的视野创造了一个在中国贫困地区发展文化艺术的崭新模式，在中国众多的摄影节中成为独树一帜的摄影艺术风向标。

国内外摄影艺术家们以在连州推出展览为荣，摄影展览、摄影奖项评选、户外影像放映会、专家见面会、学术论坛、先锋音乐演出、艺术书市等活动构成了摄影节的主体内容。

中国摄影家协会授予连州国内唯一的“中国摄影之城”称号。

世界权威的摄影机构“伦敦摄影之家”主席布莱特·罗杰斯女士发来盛赞连州国际摄影年展的亲笔信，她说这是她看到的中国最好的具备国际一流水准的摄影节。

英国文化协会给予此项目极高赞誉，说这是目前来自中国城市文化艺术项目中最为成功和具有独特魅力的摄影艺术节……

被英国《卫报》评为世界十大最值得观看的摄影展会之一。

■ 2019连州国际摄影年展开幕式

■ 第1届连州国际摄影年展颁奖仪式上，时任连州市长林文钊先生和当年总策展人阿兰·朱利安先生颁发特别贡献奖给时任清远日报社社长潘伟先生

■ 第2届连州国际摄影年展开幕式上中国摄影家协会副主席朱宪民向连州颁发“中国摄影之城”牌匾

■ 2008 年度颁奖典礼上连州原市长黄裕团，原副市长兰瑞彪，清远日报社原社长潘伟，总策展人栗宪庭，获奖艺术家周海婴及法国文化部摄影部主任阿涅兹等

■ 2008 总策展人栗宪庭、鲍昆以及参展艺术家周海婴、周令飞

■ 2014 中国艺术摄影学会精品展开幕式现场，杨元惺主席、清远原市委书记葛常委等领导为开幕展览剪彩

■ 第5届摄影年展开幕现场，中国摄影家协会副主席邓维、法国蓬皮杜摄影部中心主任阿兰・桑亚格、法国文化部摄影部主任阿涅兹等在前排就坐

15年引领摄影文化思潮

连州国际摄影年展是当代中国令人瞩目的一个文化项目，也是一个持续时间最长的高水准艺术节。

它的成功体现了中国人在艺术创造性上的高度文化自信。

连州摄影年展创立的目标是研究摄影文化在全球化时代的意义、普及真正有价值的摄影文化，建立一个中西方摄影文化交流互换的国际化平台，推动中国摄影文化的发展。

连州摄影年展的价值也体现在每一年的学术主题上，年展对中国摄影家的创作进行充分的田野调查、掌握国际摄影最新创作资讯，让优秀的作品突显出来。年展以发现新的表达方式和内容、推出优秀的艺术家为使命。

■ 第5届连州国际摄影年展学术研讨会现场，著名批评家杨小彦、传播学者陈卫星在研讨会现场

■ 2019连州国际摄影年展学术研讨会现场

办好一个节，搞活一座城

连州国际摄影年展是广东省“十一五”“十二五”“十三五”重点文化项目中唯一一位于偏远县级市的项目，这是一个极为成功的城市营销案例。

2006年，中国摄影家协会授予连州“中国摄影之城”称号，连州成为唯一的“中国摄影之城”。

2014年中法建交50周年之际，连州与摄影发明者尼埃普斯的故乡——被誉为“摄影发明地”的法国勃艮第的沙隆市缔结为友好城市，成为唯一和世界摄影发明地结为友好城市的中国城市，也是中法建交50周年广东省的重大外事成果。

“办好一个节，搞活一座城”，连州国际摄影年展通过一年一度的摄影盛事，带动了连州整座城市的活力，拉动了本地以及周边城市的旅游和经济发展。

2015年著名本土乐队五条人在连州的首演

连州国际摄影年展国际摄影书市

海内外媒体热评

连州摄影节拥有强大的海内外、全媒体整合公关宣传模式，是唯一一个宣传由海外专业公司运作的中国摄影节。连续15年在欧美主要国家举办全球新闻发布会。

中央电视台以及《人民日报》《中国日报》《纽约时报》《泰晤士报》《解放报》《费加罗报》等多家海内外重要媒体对连州摄影节予以了热情关注和报道。

广泛的国际平台亮相，成功的中国外宣品牌案例

与巴黎摄影月、阿尔勒摄影节、尼埃普斯摄影博物馆、伦敦摄影博览会、瑞士摄影基金会、纽约国际摄影中心、鹿特丹摄影博物馆等多家世界著名的摄影节以及著名美术馆建立了长期良好的合作，并得到包括法国文化部、英国文化协会、瑞士文化基金会、日本国际交流基金会等在内的多国重要艺术机构的关注与高度评价。

全明星阵容策展人及专家团队——高水准摄影节的保证

连州国际摄影年展创立了中国摄影节策划的专业模式——总监负责下的“明星策展人团队策划模式”，成为保持高水准摄影节的保障，其他摄影节纷纷效仿。

段煜婷，连州摄影年展总监、创始人，连州摄影博物馆联合馆长、联合创始人。作为中国当代摄影的重要策展人，段煜婷女士长期致力于中国摄影艺术与国际摄影艺术的策展与传播，担任号称摄影界诺贝尔奖的“哈苏摄影奖”提名人、英国 Prix Pictet 摄影奖提名人，以及多个国际重要摄影奖项评委及摄影双年展的策展人。著有系统介绍中国当代摄影的专著《中国当代摄影十年》。

早年于《人民摄影》担任“摄影家访谈”专栏记者、理论版编辑；于羊城晚报报业集团《新快报》任图片总监；2000年编著反映中国20世纪社会各阶层生存状况的大型纪实摄影丛书《中国故事》；2001年至2003年被世界新闻摄影基金会(WPP)选为中国大师班成员参加为期3年的学习。

2005年发起、策划连州国际摄影年展项目，被评为“中国摄影十大焦点人物”。

2006年被评为“中国城市77位新文化推手”；“中国摄影五十年”大型回顾展特约策展人；法国巴黎摄影双年展中国部分策展人；英国伯明翰摄影节大师评审会评委；德国柏林摄影节大师评审会评委；希腊摄影双年展评委；北京摄影季论坛发言人；中国摄影金像奖评委；南方短片节评委；瑞士日内瓦摄影节评委；法国才华摄影基金奖评委；莫斯科摄影双年展策展人；大邱摄影双年展专家；丹麦摄影三年展专家；欧洲新摄影论坛专家；美国休斯顿摄影双年展专家；阿根廷摄影双年展专家；中国台北 Young Art Taipei 艺术博览会专家见面会专家评委；瑞士摄影基金会专家；美国休斯顿摄影双年展专家见面会专家；日本京都摄影节策展人；丹麦国家双年展策展人；瑞典兰斯克鲁纳摄影双年展评委；新加坡摄影节评委；英国 LensCulture Exposure Awards 摄影奖评委；日本京都摄影节专家评委；休斯顿摄影双年展Discovery Exhibition提名人。

丹麦摄影艺术中心策展人贝蒂・斯基尔斯卡、法兰克福摄影档案馆策展人塞丽娜・朗斯福德和英国伯明翰摄影节策展人朗达・威尔逊在开幕式现场

连州国际摄影年展总监段煜婷

中国第一座专业摄影博物馆的诞生

举办多年的连州国际摄影年展让城市具有了前所未有的活力，一年一次的展览已经不能满足更加丰富多元的文化需要，高水准的艺术需要更为严谨专业的机制推进，我们在连州摄影节创办之初就提出建立一座中国摄影博物馆的构想，在此之前中国还没有自己的摄影博物馆。

摄影节10周年之后，连州借助自己强大的国际影响力，联合世界摄影发明地法国尼埃普斯摄影博物馆，建立了连州摄影博物馆，一座全新的以研究当代摄影为方向的摄影博物馆诞生了。

连州摄影博物馆2017年底开馆以来，已经展开了系统性的中国当代摄影研究，并对20多位优秀的中外艺术家进行深入的展览实践。

第十三届连州国际摄影年展开幕式上宣布连州摄影博物馆落成开幕

连州摄影博物馆

连州国际摄影年展

历届精选海报作品

2016 连州国际摄影年展
LIANZHOU FOTO 2016

总监：段煜婷
总策展人：弗朗索瓦·萨瓦尔（法国）/ 王春辰
策展人：章翔鸥 / 樊林 / 沈昭良（台湾）/ 露西尔·雷博芝（法国）/ 仲西祐介（日本）/
奥尔加·斯维布洛娃（俄罗斯）/ 米歇尔·菲利博（法国）

Director: Duan Yuting
Chief Curators: François Cheval (France) / Wang Chunchen
Curators: Zhang Xiangou / Fan Lin / Shen Chao-Liang (Taiwan) / Lucille Reyboz (France) /
Yusuke Nakanishi (Japan) / Olga Sviblova (Russia) / Michel Philippot (France)

无乐不作
As Entertaining As Possible
11/19-12/09 2016

LIANZHOUFOTO
连州国际摄影年展

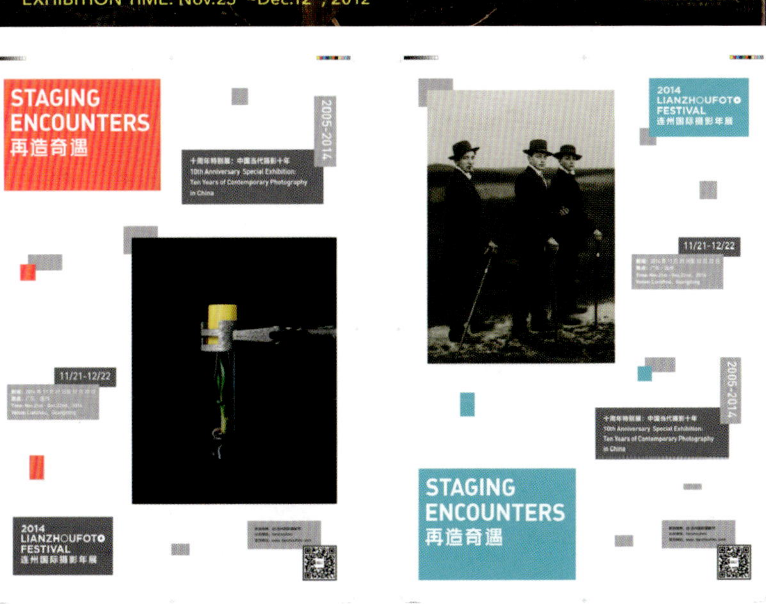

连州国际摄影年展

连州摄影博物馆冬季展

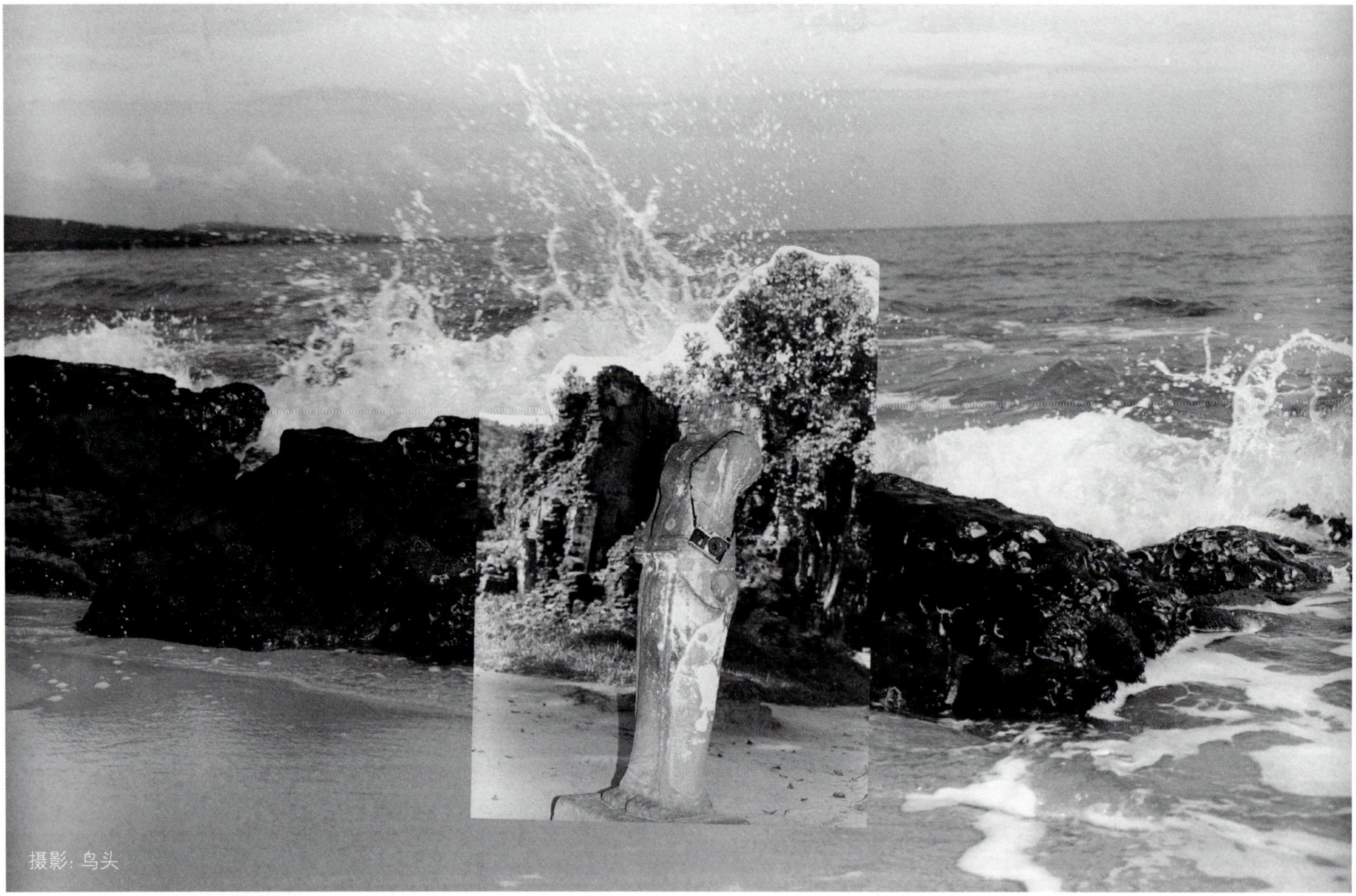

摄影：鸟头

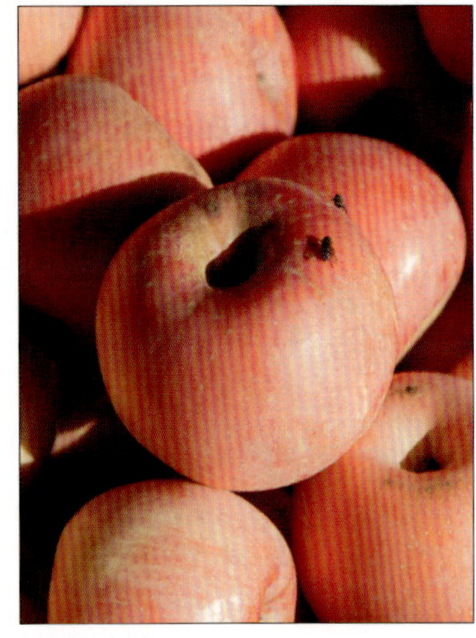

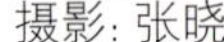

摄影：张晓

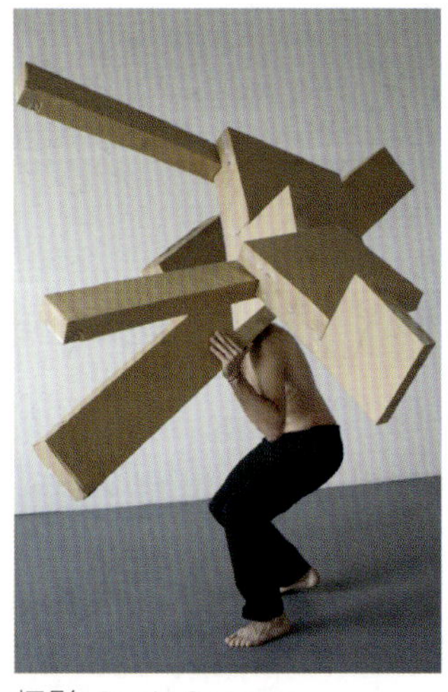

摄影：Denis Darzacq

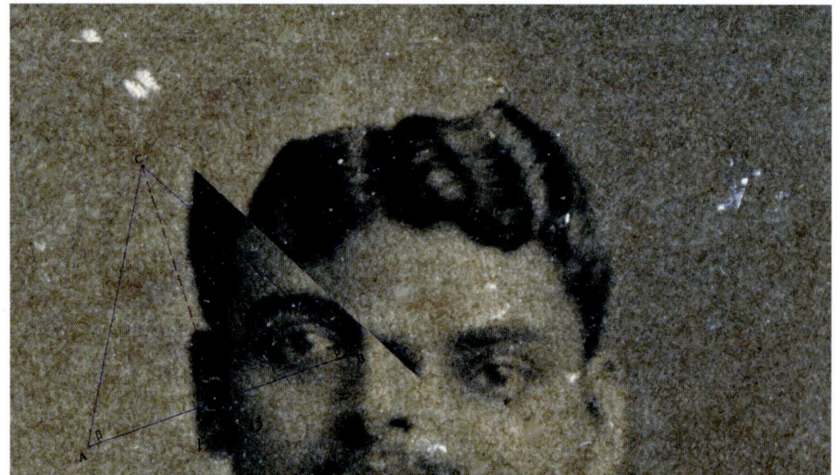

摄影：Sukanya Ghosh

摄影：Alex Hanimann

摄影：Jules Spinatsch

摄影：Clare Strand

摄影：Anna Niskanen

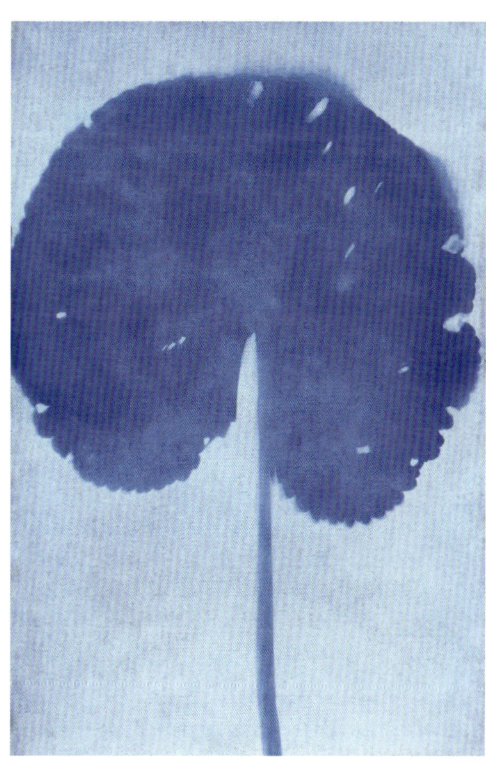

摄影：Ester Vonplon

摄影：Chen Ronghui

摄影：Wang Hanlin

摄影：Zhang Yuming

摄影：Kanthy Peng

摄影：Chen Zhuo

摄影：Jin Lee

摄影：Penelope Umbrico

摄影：Millee Tibbs

摄影：Abbey Hepner

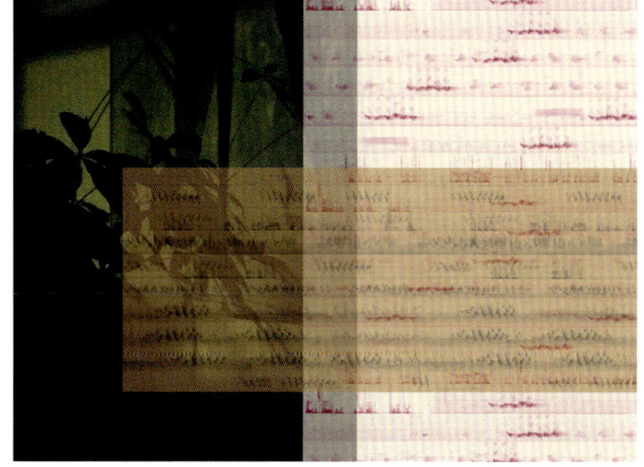

摄影：Alice Hargrave

丽水摄影节

LISHUI PHOTOGRAPHY FESTIVAL

大展简介

一、基本情况

丽水摄影资源丰富，摄影氛围浓厚，拥有深厚的摄影文化底蕴和广泛的摄影群体，有着25个摄影创作基地。1999年被中国摄影家协会命名为中国第一个摄影之乡。

丽水摄影节以“打造摄影名城，扩大国际交流，展示秀山丽水，推动科学发展”为目标，通过举办影展、研讨交流、论坛讲座、赛事、专家见面会、产品交易会、创作采风等一系列活动，强调国际性、学术性、群众性、品牌性，每届都吸引了国内外上万名摄影爱好者和摄影家参加，创下国内摄影节多个历史之最，已成为中国最有影响力的摄影节之一。2009年丽水摄影节被媒体评为“年度最佳摄影节”，2015年，丽水摄影节被国务院确定为国内唯一一家以“摄影节”命名的摄影主题节庆活动。2017年丽水摄影节推出展览1050个，展出作品1.7 万件，展览数量突破国内摄影节历史之最。2019年，丽水摄影节创造参与国家数量最多、参与摄影机构数量最多等多项纪录，被誉为已具备世界一流水平。

二、特点及定位

国际性。丽水摄影节在参与者、活动项目内容、影响力覆盖几个层面充分体现了国际性。每届丽水摄影节都汇聚世界50个国家和地区的上百家机构、近万名摄影人参与，有特邀学术机构和策展人，也有来自世界各地自由报名的策展人、艺术家、摄影师、摄影爱好者。摄影节期间，世界各国专家学者、摄影爱好者还参与到各类学术研讨会、讲座、论坛、专家见面会等活动中。

学术性。摄影节邀请国内外重要学者、专家共同参与摄影节活动策划、学术理念主题的讨论及制定。围绕主题，确定国际国内不同方向学术策展人，进行展览策划和作品收集工作，形成学术主题展、国际邀请展、高校主题展几个重点策划单元。摄影节还开展各种形式的、高学术化程度的交流活动，包括国际摄影研讨会、名家论坛、大师讲座、专家见面会等。

群众性。丽水摄影节在市区内设立油泵厂、美术馆、博物馆等15大展区，吸引10余万人次参观。参与者方面，除了充分吸收丽水本土摄影师和全国各地自由摄影师群体报名参展，还将通过各类活动设计，激发广大丽水市民、网络群休积极参与到摄影节活动环节中，同时通过组织各类群众性文化活动，专门为市民百姓设计摄影节互动活动，专门为普通摄影爱好者设计系列赛事，专门为旅游休闲者设计旅游采风活动等，进一步提升广大市民百姓、摄影爱好者、普通旅游者的参与度，提升节庆氛围，成为广大摄影爱好者共同的文化盛宴。

品牌性。摄影节通过理念创新、模式创新、载体创新等，进一步树立品牌性，树立起新的标杆和新的高度。摄影节的长期组织举办不但使活动本身在业内确立品牌，使丽水摄影群体获得共享，也使丽水的文化底气更加深厚，百姓更加自信，生活更加精彩，从而使摄影节的品牌性从一个节庆活动转化为整个城市的品牌，使“摄影”成为丽水的城市标签。

大展活动照片

2015丽水摄影节 世界著名摄影大师萨尔加多在开幕式发言

2015丽水摄影节 首届国际摄影

2015丽水摄影节 世界著名摄影大师萨尔加多举办讲座

2017丽水摄影节暨第2届国际摄影研讨会

2017丽水摄影节开幕

2019丽水摄影节开幕式

2019丽水摄影节暨第3届国际

主要场地介绍

丽水市美术馆

丽水市美术馆位于丽水市区人民路561号(处州公园东侧)，展厅面积2200平方米。自2013年起，丽水市美术馆作为丽水摄影节的核心学术展区，展出国际策展人和艺术家、摄影师的作品。

丽水市博物馆

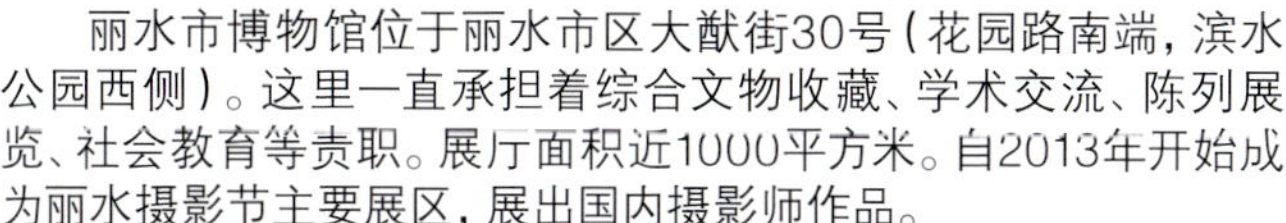

丽水市博物馆位于丽水市区大猷街30号（花园路南端，滨水公园西侧）。这里一直承担着综合文物收藏、学术交流、陈列展览、社会教育等责职。展厅面积近1000平方米。自2013年开始成为丽水摄影节主要展区，展出国内摄影师作品。

丽水摄影博物馆

丽水摄影博物馆位于丽水市区括苍路583号，是中国第一家由政府投资创建、规范化运作的摄影专业博物馆，展厅面积 1600平方米。从2007年建馆开始，丽水摄影博物馆是每届丽水摄影节的核心学术展区，展出国际国内策展人和艺术家、摄影师的作品。

大修厂文创园

丽水大修厂文创园位于丽水市区中山街北段白云山脚下，园区建筑建于上世纪六七十年代，2015年改造为文创园区，占地3.5万平方米。该展区举办摄影产品博览会和展出摄影师作品。

万象摄影坊

万象摄影坊位于丽水市区括苍路493号（继光街西端），是以原丽水油泵厂为核心重新打造的摄影文化园区，园区占地1.87万平米，共有8栋历史遗留建筑。该展区自2009年以来一直是丽水摄影节的核心展场，展出特邀策展人和中外艺术家、摄影师的作品。

丽水七条小巷

丽水七条小巷分布于丽水老城区解放街、中山街和大众街附近区域，分别为桂山路、绅弄、刘祠堂背、文昌路、酱园弄、营房弄、泰山弄。2017年摄影节期间由著名摄影家傅拥军做总策展人，将七条文化小巷策划为摄影节最具特色、最接地气的展区。

丽水摄影节

2015丽水摄影节特别收藏
威尔·史黛西《最后期限》

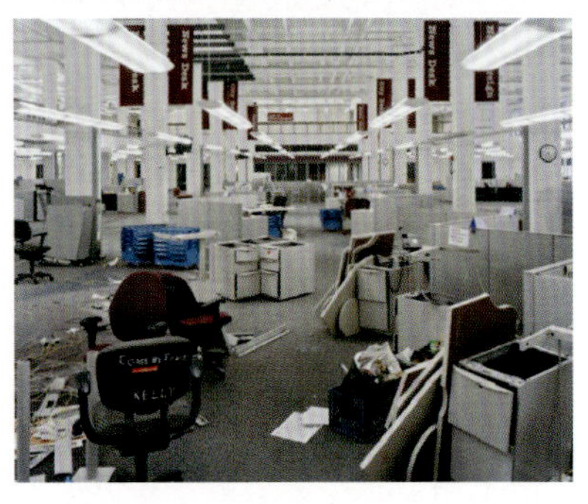

G

The Inquirer

NIKE

丽水摄影节

2017丽水摄影节特别收藏
谭秋民《和谐》

丽水摄影节

2017丽水摄影节特别收藏
玛丽·维克《优衣柯龙思UNICLONES》

丽水摄影节

2019丽水摄影节特别收藏
雷吉娜·彼得森《寻找坠落的星体》

UNCLASSIFIED

DETAILS:

1. This investigation was requested by Commander, Maxwell AFB, Alabama, predicated upon unconfirmed reports of aerial explosions, alleged aircraft crashes and unidentified flying objects, one of which is alleged to have fallen through the roof of house, injuring civilian female occupant, on 30 November 1954.

2. This is a joint investigation by Special Agent KENNETH L. ATCHLEY and the writer.

AT MAXWELL AFB, ALABAMA

3. At 1540 hours, 30 November 1954, ANDREW R. CURTIS, JR., Captain, Adjutant, 3800th Air Base Wing, telephonically advised Special Agent ATCHLEY that GILBERT P. COHEN, 2d Lt., Officer of the Day, had at 1530 hours, received a telephone call from [redacted], Mayor, Sylacauga, Alabama, to the effect that a large object of either rock or metallic substance had fallen through the roof of a house in Sylacauga a few hours previously, and said object had struck and injured a woman occupant of the house. HOWARD stated further that an explosion of some type had occurred in the air over Sylacauga at approximately the same time as the object had struck the house. HOWARD further advised that aircraft had been seen in the area just prior to the explosion. HOWARD stated according to his information, the object had been hot when it was found on the floor of the house. CURTIS further informed Special Agent ATCHLEY that a 48th Air Rescue Squadron helicopter had been dispatched to Sylacauga to obtain the object and return it to Maxwell AFB, and Colonel JAMES G. PRATT, Commander, 3800th Air Base Wing, had requested that Special Agent ATCHLEY meet the helicopter upon its return from Sylacauga and examine the object in an attempt to identify its origin.

4. At 1600 hours, 30 November 1954, WILLIAM R. AUSTIN, WOJG, Adjutant, 3860th Air Base Group, Gunter AFB, Alabama, telephonically notified the writer that at approximately 1315 hours he had received a telephone call from Mrs. GEORGE L. MC KEE, 4061 Wares Ferry Road, Montgomery, Alabama, to the effect that at approximately 1245 hours, she had seen a large explosion in the air followed by a large puff of black smoke. Mrs. MC KEE stated that the explosion appeared to be in a northern direction from Montgomery, and she saw only a large explosion of flame followed by the black smoke, but did not hear the explosion. AUSTIN stated that Mrs. MC KEE could furnish no further pertinent information.

5. At 1610 hours, 30 November 1954, GEORGE R. BUMFORD, 1st Lt., Flight Service Center, was telephonically contacted regarding any reported aircraft crashes. BUMFORD advised they had received numerous reports of alleged aircraft crashes and/or explosions during the afternoon from numerous places in Alabama, Mississippi and Georgia, including a report of an explosion in the area of Sylacauga, Alabama. BUMFORD advised that all received reports had been or were being checked, all with negative results. BUMFORD further verified that the 48th

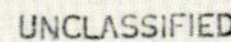

UNCLASSIFIED

2

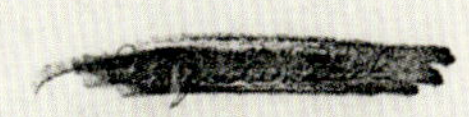

丽水摄影节

2019丽水摄影节特别收藏
冯汉纪《中国，我的中国》

天鹅之城——中国三门峡
自然生态国际摄影大展

THE CITY OF SWAN—THE CHINA SANMENXIA NATIONAL ECOLOGY INTERNATIONAL PHOTOGRAPHY EXHIBITION

大展简介

文化是城市的灵魂，摄影是城市的记忆。面对大自然的馈赠，三门峡市主动作为、积极进取，以文化为内涵，以天鹅为主题，以摄影为载体，以影展为媒介，以“创建中国摄影艺术之乡、打造中国摄影文化高地”为目标，举办了一系列有品位、有影响、有内容的摄影交流活动，培育了一大批本土知名摄影家，汇聚了一大批国内外优秀摄影爱好者，创作了一大批优秀的摄影作品，提升了三门峡的知名度和美誉度，叫响了“黄河三门峡·美丽天鹅城”城市品牌。

2016年，三门峡举办了以“蓝色地球·温馨家园——母亲河 天鹅湖”为主题的中国（三门峡）白天鹅·野生动物国际摄影大展启动仪式，刘鲁豫、徐艳娟担任艺术总监。2017年，三门峡举办了以“读懂你·理解你——母亲河 天鹅湖”为主题的首届三门峡白天鹅·野生动物国际摄影大展，刘鲁豫、徐艳娟担任艺术总监，精彩呈现了来自全世界50多个国家、1000余名摄影家的近3000幅作品。2018年，三门峡举办了以“同主人·共命运——母亲河 天鹅湖”为主题的第二届中国（三门峡）白天鹅·野生动物国际摄影大展，刘鲁豫、晋永权担任艺术总监。2019年，举办了以“共生·大同——母亲河 天鹅湖”为主题的第三届天鹅之城——中国三门峡自然生态国际摄影大展，刘鲁豫、晋永权担任艺术总监。2020年，举办了以“生态美·文明兴——母亲河 天鹅湖”为主题的第四届天鹅之城——中国三门峡自然生态国际摄影大展，刘鲁豫、晋永权担任艺术总监。

自然生态国际摄影大展以国际化、专业化、多元化的视角，真实再现了白天鹅等野生动物的生态之美、自然之美，真情传递了深藏于影像之中的自然界野生动物的魅力，真正开启了全国乃至世界野生动物摄影事业的新篇章，也让“黄河明珠·天鹅之城”这张城市名片更加熠熠生辉、光彩夺目。

中国三门峡自然生态国际摄影大展自2016年始至今已经来到了第5年。我们常说，万象自然、奇幻生态、大千世界，自然是人类之母，生态是人类之肺。我们的天鹅之城——中国三门峡自然生态国际摄影大展，可以说既标明了大展的地域属性，更包含了自然和生态的全部意义，特别是契合了习近平总书记关于“生态兴则文明兴，生态衰则文明衰”的重要指示精神。

颁奖典礼照片

展览活动照片

央视直播间在现场采访纪实类金像奖获得者曾毅 / 摄影：马卫国

展览场馆照片

典藏作品获奖者合影 / 摄影：马卫国

颁奖仪式合影 / 摄影：马卫国

铁杆粉丝 / 摄影：马卫国

天鹅之城——中国三门峡自然生态国际摄影大展

2017天鹅湖典藏奖金银铜奖

灵动 / 摄影：王森

雄狮 / 摄影：高建设

飘逸 / 摄影：马世民

灵之舞 / 摄影：郭安民

相亲相爱 / 摄影：翟若愚

秦岭金丝猴 / 摄影：丁宽亮

孤独的王者 / 摄影：胡金喜

树深时见鹿 / 摄影：孙建辉

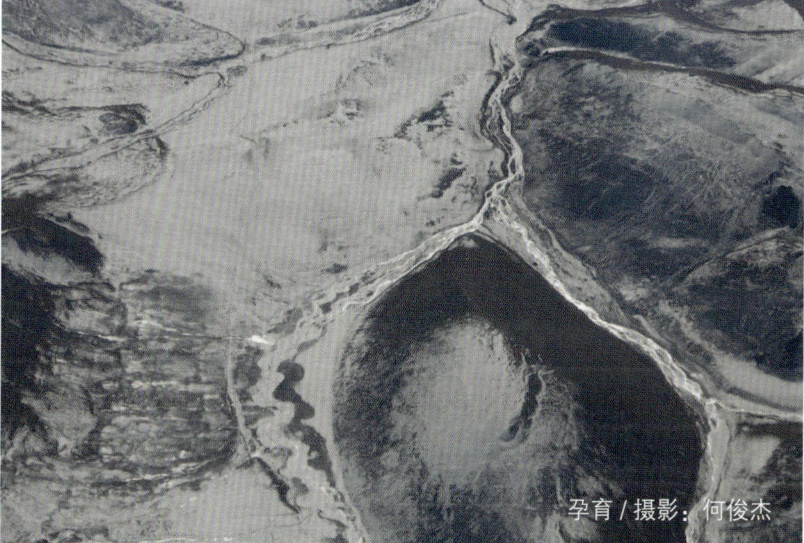
孕育 / 摄影：何俊杰

浪漫时节 / 摄影：吴秉益

天鹅之城——中国三门峡自然生态国际摄影大展

2018天鹅湖典藏奖金奖

海洋中最大的鱼 / 摄影：Pape

水中华尔兹 / 摄影：柳艳梅

邂逅 / 摄影：曾繁新

2018天鹅湖典藏奖银奖

精灵 / 摄影：尹鸣

雪域霸主 / 摄影：樊尚珍

吉他鲨 / 摄影：Wayne Jones

2018天鹅湖典藏奖银奖

狼图腾 / 摄影：吴术布

狐狸 / 摄影：Bruno De Lorenzo

取暖 / 摄影：胡秋生

天鹅之城——中国三门峡
自然生态国际摄影大展

2019天鹅湖典藏奖金奖 星球至上 / 摄影：吕永胜

2019天鹅湖典藏奖银奖

2019天鹅湖典藏奖铜奖

天鹅会 / 摄影：黄允宏

苎麻珍蝶的一生 / 摄影：欧阳临安

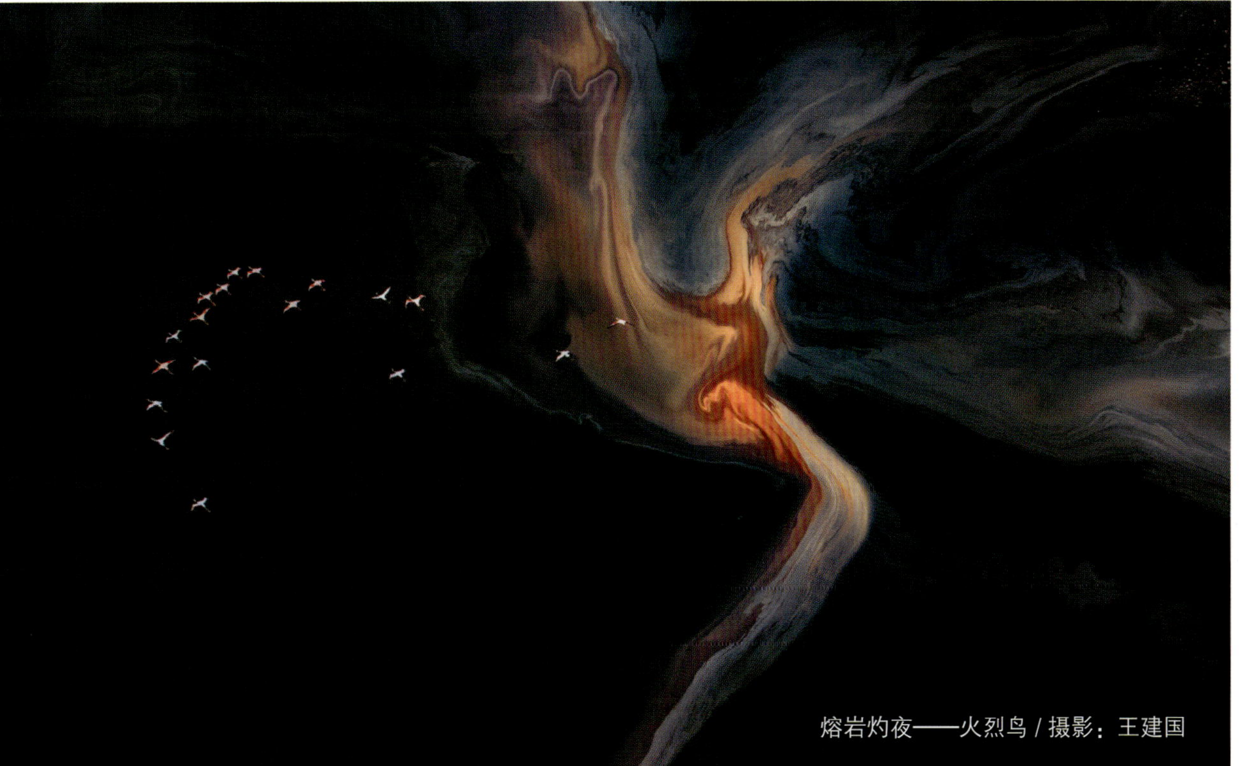

熔岩灼夜——火烈鸟 / 摄影：王建国

天鹅之城——中国三门峡自然生态国际摄影大展

2020天鹅湖典藏奖金银铜奖

入水 / 摄影：钱博深

Nino / 摄影：钱博深

鹿王的饰物 / 摄影：孙华金

养育 / 摄影：王龙财

迎春花 / 摄影：郭莎

盘丝洞 / 摄影：邓少信

雪野艳舞 / 摄影：郭强

中国长城国际摄影周
CHINA GREAT WALL INTERNATION FOTO WEEK

大展简介

长城作为物化的存在，已经有几千年历史，已经成为中华民族精神的象征，成为一个有丰富而深刻的历史与文化内涵的符号。

千百年来，以长城为素材、题材、背景、主题的文艺作品多得难以胜数；自摄影术发明180周年以来，关于长城的影像亦多得难以胜数，甚至还有不少专门拍摄长城的摄影家和专门的摄影组织；但是，在八达岭长城上举办的、以长城为主题和名称的大型国际摄影活动，迄今只有“中国长城国际摄影周”。

这个摄影周，以长城为内容纽带，把绵亘几千公里的祖国大好河山直观而形象地集中呈现，雄伟与瑰丽、辽远与苍茫，足以激发各个方面、各个层次广大观众的爱国主义情感。

这个摄影周，以长城修建和延伸的时间为线索，梳理中国千年历史的演化和变迁，在过去、现在和未来的凝视和呈现中，进一步树立中华民族共同体的新时代新理念。这个摄影周，瞩目于长城与15英寸等雨线南北区域的自然状态，观察农耕文明与游牧文明交汇区民族文化和民生状态，尝试从民族融合和生态文明建设的高度确立文明互鉴新理念。

这个摄影周，通过长城影像艺术展，展开对中国摄影史上关于长城影像作品和摄影家的研究；通过全国各地长城拍摄者的接力活动，把全国热爱长城的摄影人凝聚和团结在一起，树立起百年长城摄影是一家、全国长城摄影是一家的新理念。

这个摄影周，是全国各地乃至世界各地摄影家交流的平台。在这个平台之上，大家通过努力，在新时代重新认知长城形象、发掘长城文化、提炼和塑造长城影像的精神，为北京和全国文化建设服务，为摄影艺术事业发展做贡献。

展览单元

- 百年长城影像
- 中外摄影名家眼中的长城精品展
- 长城聚首——国家元首政府首脑与八达岭专题展
- 辉煌历程——庆祝新中国成立70周年主题展
- 我为长城代言，我为祖国祝福——摄影接力展览
- 夏都延庆·激情之约——迎冬奥激情展览

百年长城影像

1907年的北京郊外，沙畹[法国] / 崔波供稿

1915年，长城，居庸关附近（南口）明信片 / 迟迅供稿

1919年，古代北京的长城城墙 / 迟迅供稿

中外摄影名家眼中的长城精品展

长城上喝可乐的男孩（1979年3月30日北京）/ 摄影：James Andanson

1991年，河北滦平县金山岭小学学生在长城上 / 摄影：谢海龙

中国北京八达岭长城 / 摄影：李少白

金山岭 / 摄影：李建惠

长城 / 摄影：任国恩

长城聚首——国家元首政府首脑与八达岭专题展

1972年2月24日，美利坚合众国总统理查德·米尔豪斯·尼克松游览八达岭长城

1976年5月13日，新加坡共和国总理李光耀游览八达岭长城

1965年3月6日，巴基斯坦前总统穆罕默德阿尤布·汗游览八达岭长城，周恩来总理陪同

2002年12月3日，俄罗斯联邦总统弗拉基米尔·弗拉基米罗维奇·普京游览八达岭长城

1986年10月14日，大不列颠及北爱尔兰联合王国女王伊丽莎白二世游览八达岭长城

■ 钢铁长城 / 摄影：袁学军

■ 2018年，中国中车中铁即将出场的高铁车头 / 摄影：王玉文

■ 巨人之臂(建设中的港珠澳大桥) / 摄影：雷佳民

■ 嘉峪关

■ 白云关雪景

■ 金山独秀

■ 长城晨韵

■ 穿越

摄影：魏征

摄影：费茂华

摄影：魏征

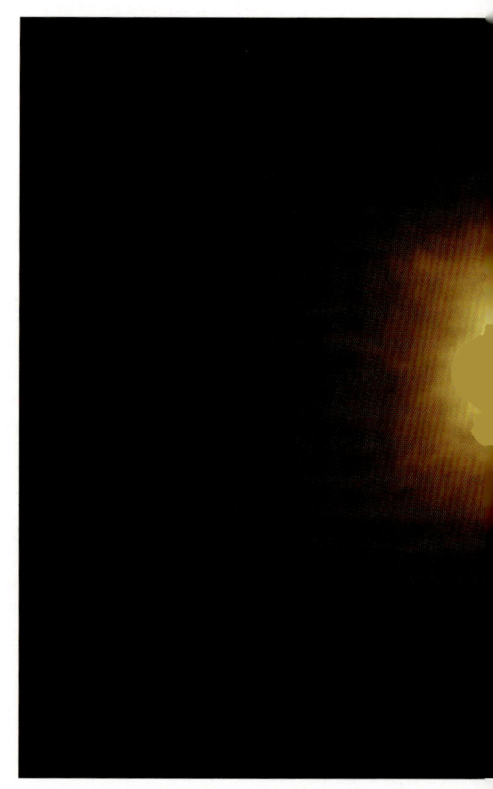

摄影：费茂华

韩国平昌奥运会测试赛 / 摄影：伊沃冈萨雷斯

2010年2月17日，中国女子短道速滑选手王濛获得500米冠军后，手持国旗向观众致意 / 摄影：胡金喜

多彩贵州

中国原生态国际摄影大展

COLORFUL GUIZHOU

PHOTOCHINA ORIGINAL INTERNATIONAL PHOTOGRAPHOC EXHIBITION

大展简介

多彩贵州·中国原生态国际摄影大展2008年经原国家文化部批准，由贵州省人民政府、国务院新闻办公室、原国家旅游局及联合国教科文组织、中国摄影家协会等联合主办；2011年起，大展主办单位增加中国新闻社；2019年起，大展由中共贵州省委宣传部和中国新闻社共同主办。大展每年一届，至今已连续成功举办十三届，是国内知名的影像文化活动之一，在海内外具有一定影响力。

10余年来，大展在贵州贵阳、遵义、六盘水、安顺、毕节、铜仁、黔东南、黔南、黔西南等地举办大型展览，足迹遍布黔山贵水，城镇村寨。共组织邀请4000余名海内外摄影师开展了60余次专题采风活动；举办影像文化交流活动100余场。

10余年来，大展除每年在贵州各地举办大型主题展览外，还在北京、上海、辽宁、内蒙古、广东等地举办专题展，并策划组织了30余场海外专题巡展，足迹遍布美国、英国、法国、德国、澳大利亚、新西兰、俄罗斯、乌克兰、荷兰、韩国、日本、意大利、比利时、埃及以及台湾、香港、澳门等20余个国家和地区。

10余年来，大展硕果累累。累计收到高精优摄影作品数十万幅（组），拥有国内最为丰富的原生态影像资源；先后出版了《大三线》《城北旧事》《遇见·家园》《这，就是贵州》等影像刊物30余类，累计印刷达万余册。为推动贵州形象树立做出了独特贡献。

10余年来，大展以“原生态文化”为内核，探索了“讲文化做经济，谈艺术做产业，创品牌促发展”的进阶模式，布局建设“原生态文化艺术中心”，结合建设情况适时开展培训、讲座等摄影文化交流活动。同时利用中国新闻社丰富的海内外资源，在国内及海外与有关摄影机构、媒体机构等合作，携手建立“原生态文化艺术中心”，推动贵州文化走出去，助推世界文化引进来，扩大了贵州与世界文化交流的视野，提升了贵州与世界文化交流的品质。并以“原生态文化”内涵，在国内外文化交流中形成了自己的独特风格。

10余年来，大展以“为当下存储过去、为未来存储现在”为宗旨，聚焦贵州原生态文化资源禀赋，通过影像记录和见证多彩贵州发展进程，特别是为贵州积攒了涵盖贵州秀美的自然风光、多彩的民族文化和建设发展成就等各类有质量照片数万幅，全面、多方位展现了“生态贵州、人文贵州、开放贵州、健康贵州、好客贵州”五个贵州支撑的多彩贵州新形象。

10余年来，大展坚持立足贵州、面向世界，在全球化的背景下，构建文化多元交流活动平台，是目前全球唯一持续以关注和推动“原生态文化”为目标的国际文化活动，正逐步成长为一个独具文化特色和艺术风格并具有一定影响力的影像IP。

如今，大展已不仅是影像活动，更是承载着推广贵州、展示贵州重任的文化活动，是贵州和世界沟通的桥梁之一，也是向世界展示贵州新形象的重要窗口。未来大展将继续以“立足贵州、面向世界”为使命担当，以“原生态”文化理论研究为载体，逐步将大展打造成为权威性、国际化、高水平、多层次的多元文化交流平台，助力贵州成为世界影像文化艺术交流中心，为多彩贵州注入更多文化内涵，为世界文化理论研究和发展做出贵州贡献。

■ 2008年 第一届 贵州省黔东南州雷山县西江千户苗寨

■ 2009年 第二届 贵州省遵义市

■ 2010年 第三届 贵州省铜仁市

■ 2011年 第四届 贵州省兴义市

■ 2012年 第五届 贵州省毕节市

■ 2013年 第六届 贵州省六盘水市

■ 2014年 第七届 贵州省贵阳市

■ 2015年 第八届 贵州省安顺市

■ 2016年 第九届 贵州省仁怀市

■ 2017年 第十届 “遇见·家园” 贵
县郎德苗寨

■ 2018年 第十一届 “映像贵州——
像志” 贵州省黔东南州雷山县郎德

■ 2019年 第十二届 “贵州喜悦” 贵

■ 2020年 第十三届 “以山为语·共
黔东南州镇远县

■ 第二届大展国际嘉宾、国际摄影大师路易斯·马萨腾讲座在高端论坛上

大展瞬间

10余年来，一场场专业化、国际化、多元化的论坛、讲座、巡展、研学、采风等系列活动已让大展成为对外传播互动的重要影像文化平台，为海内外摄影师、原生态文化研究学者搭建了一座“艺术之桥”。

■ 第九届大展国外摄影师讲座现场

■ 第四届大展摄影师采风合照

■ 第七届大展展览现场 大展组委会办公室主任张一凡与美国联系图片社总裁罗伯特·普雷基现场交流影像文化

■ 第九届大展国外摄影师讲座现场

■ 第十三届大展“对话：影像中的原生态精神与物质内涵”研讨会现场

■ 英国伦敦巡展

多彩贵州
中国原生态国际摄影大展

COLORFUL GUIZHOU

PHOTOCHINA ORIGINAL INTERNATIONAL PHOTOGRAPHOC EXHIBITION

大展瞬间

影像留住美好，影像传承经典。10余年来，大展留下了无数张风光秀美、风情浓郁的经典作品。

第一届 民族人物类 二等奖

山之肖像 / 摄影：卢现艺

第一届 民族节庆类 一等奖

苗族锦鸡服饰 / 摄影：杨昌银

第一届 艺术创意类 二等奖

侗乡岁月 / 摄影：龙福云

第三届 民族习俗类 一等奖

天兵神将 / 摄影：尹 鸣

第三届 民族人物类 一等奖
牧羊女 / 摄影：万 芒

第四届 自然风光类 二等奖

俯瞰大地 / 摄影：郭 友

第四届 民族人物类 一等奖
小荷初露尖尖角 / 摄影：王玉科

第五届 民族习俗类 一等奖
侗乡飞歌 / 摄影：龙 俊

第十三届 五个贵州之健康贵州

石阡温泉的魅力倒影 / 摄影：侯　凌

第六届 民族节庆类 二等奖

祭祀记忆 / 摄影：姜明灯

在地影像节

LOCALIZED
IMAGE FESTIVAL

影像节简介

在地影像节系列之“2020在地影像节·隆里”是由北京朗域文化传播有限公司， 联合贵州省锦屏县人民政府，在贵州省黔东南隆里古城举办的国内首届以挖掘“在地文化”为核心思想的影像节。

“在地性”是一种具有本土性、当地性、纪实性的意识形态，相对于全球化和公众化，在地性更着重于对线性历史的纪实还原，以影像的方式对历史进行客观记录并传播。

在地艺术，不仅局限于它的创作在地性，更是一种具有人民情怀、社会担当、时代效应的多维度艺术创作形式。它所延伸的触点，不仅会拉近在地人民与世界的距离，更能推动在地文化与世界的交流。这些意义，对于当地的人民而言，不仅是一次世界文化交流大赏，也是一次颇具社会效应与时代价值的全球性示范活动。影像节各方面的展示、交流、融合、创作，将向全国乃至全世界展示独具历史意义的中国文化，展示一个独具非凡意义的多元中国。

“2020在地影像节·隆里”进行了72小时无间断的全球同步直播，邀请国内外100余位著名摄影艺术家(10余位国外摄影艺术家作线上参展指导)参展，组织了500位国内知名摄影艺术家开展了“在地采风计划”，展出具备国际影响力摄影作品共计100余幅，国际珍贵摄影作品1000余幅。

在地影像节的开展，对于政治、历史、文化、艺术等多重领域有着深刻而悠远的影响。 在影像节中所产出的在地作品，将作为珍贵的影像资料被保存，旨在坚持中国文化自信，传扬优秀中国文化，谱写新时代中国文化的世界篇章。

展览海报

LONG LI 2020

指导单位 |
锦屏县人民政府

主办单位 |
北京朗域文化传播有限公司

承办单位 |
贵州杉乡文化旅游发展有限公司
湖南灵动时空文化传播有限公司

支持媒体 |
人民日报、光明日报、中国网、中国日报网、中国青年网、央广网、环球网、国际在线、黔讯网、黔南在线、中国摄影报、中国国家地理、摄影之友、影像新势力、LAC、500PX、影像狗、色影无忌、佳友在线、a7club、蜂鸟网、今日头条、搜狐、凤凰网、新浪微博、百度百家

2020隆里
在地影像节

开幕时间：2020年9月12日
Opening Date:September 12, 2020
地点：贵州隆里古城
Venue: Longli, Guizhou

出品方 北京朗域文化 Producer: Beijing Longue-vue | 出品人 丁琛 Producer:Ding Chen | 总策展人 段煜婷 Chief Curator: Duan Yuting | 总监 张怡 Director: Zhang Yi

参展艺术家 Artists

林舒(中国)：塔 Lin Shu (China): Pagoda | 陈卓(中国)：荒蛮故事 Chen Zhuo (China) : Wild Tales | 陈荣辉(中国)：空城计 Chen Ronghui (China) : Freezing Land | 计洲(中国)：真实幻像 Ji Zhou (China): Real Illusion | 王居延(中国)：无名地景 Wang Juyan (China) : The Uncharted

广濑耕平(日本)：欲视录 Kouhei Hirose (Japan): Yokushiroku | 刘珂&晃晃(中国)：镜子 liuke & huanghuang (China) : 《MIRROR》 | 尼克·汉内斯(比利时)：失乐园 Nick Hannes (Belgium) : Garden of Delight | 魏璧(中国)：梦溪III Wei Bi (China) : Mengxi III | 吴登采：宗祠 Wu Dengcai (China): Ancestral Hall

本尼迪克特·库森(法国)&桑内·德·王尔德(比利时)：双胞胎之乡 Bénédicte Kurzen (France) & Sanne de Wilde (Belgium) : Land of Ibeji | 钱海峰(中国)：绿皮火车 Qian Haifeng (China) : Green Train | 广东省大画幅摄影协会(中国)：画幅无边 Guangdong Large - Format Photography Association (China): Borderless

李朝晖(中国)：故里长河 Li Zhaohui (China) : Homeland: The Long River | 慕容拖鞋(中国)：山河故人 Murong Tuoxie (China) : Mountains May Depart | 隋晓龙(中国)：剧·照 Sui Xiaolong(China) : Behind the scence | 张倩倩(中国)：捕梦箱 Zhang Qianqian(China) : Fantasy

理光摄影师作品展 Ricoh Photography Exhibition | 适马摄影师作品展 Sigma Photography Exhibition | 500px 摄影人作品展 500px Photography Exhibition | LAC(徕卡·中国)优秀作品展 LAC Photography Exhibition

项目价值

此次“2020在地影像节·隆里”所取得的价值涵盖如下四个方面：

(1)世界价值：全球首次5G直播文化活动。本次在地影像节进行了72小时无间断的全球同步直播，以5G为代表的新技术革命肩负起了呈现未来世界新影像、塑造影像表达与传播新模式的历史重任，也必将不负众望地成为勾连世界的新纽带、新坐标。对影像节所涵盖的社会倡导、文化延展、艺术衍生等多个维度进行了全覆盖的直播。让隆里这座拥有600年历史的汉文化古城，不再成为“孤岛”与世界绝缘，而是以新时代的媒介为载体，通过富有时代感、创意度、新势能的方式，传递隆里古城“古韵隆里、多彩贵州、大美中华”的文化魅力。

在地影像节5G直播

(2)社会价值：后疫情时代影像文化界盛典。本次在地影像节为疫情后的社会、经济、文化、艺术四个层面注入了强有力的新势能。活动期间，我们联合了扶贫公益组织，帮助民间非遗创新和文创开发，并积极整合有爱心的商业品牌开展一系列公益扶贫义卖活动，通过“坚持社会动员、凝聚各方力量”，推动产业扶贫，为在地产业与乡村振兴做实事，谋实效，以影像的力量，助推社会的发展。

(3)历史价值：中国在地文化纪实影像资料库。本次在地影像节联合中国摄影协会，邀请了段煜婷、计洲、吴登采、林舒、陈卓、钱海峰、陈荣辉、王居延、广濑耕平(日本)、尼克·汉内斯(比利时)、本尼迪克特·库森(法国)、桑内·德·王尔德(比利时)等100余位国内外著名摄影艺术家(10余位国外摄影艺术家作线上参展指导)，为本次在地影像节提供了极具艺术收藏价值的摄影艺术品展览，并且组织了500位国内知名摄影艺术家开展了“在地采风计划”，为隆里及周边地区留下了珍贵的摄影影像资料，丰富了中国在地文化纪实影像资料库。

(4)业界价值：国内首个以在地性为核心思想的影像节。本次影像节是继平遥、丽水、连州、大理四大国际影像节之后的第五大国际影像节，共计展出具备国际影响力摄影作品100余幅，国际珍贵摄影作品1000余幅，共同组成完整的在地影像节。该系列影像节以在地性为切入点，挖掘中国原生态影像标本，构建一个富有国际化视角的影像生态系统，旨在完成“中国文化，世界观看”的影像聚焦，为坚定中国文化自信提供了强有力的支撑。

活动现场

在地影像节

LOCALIZED
IMAGE FESTIVAL

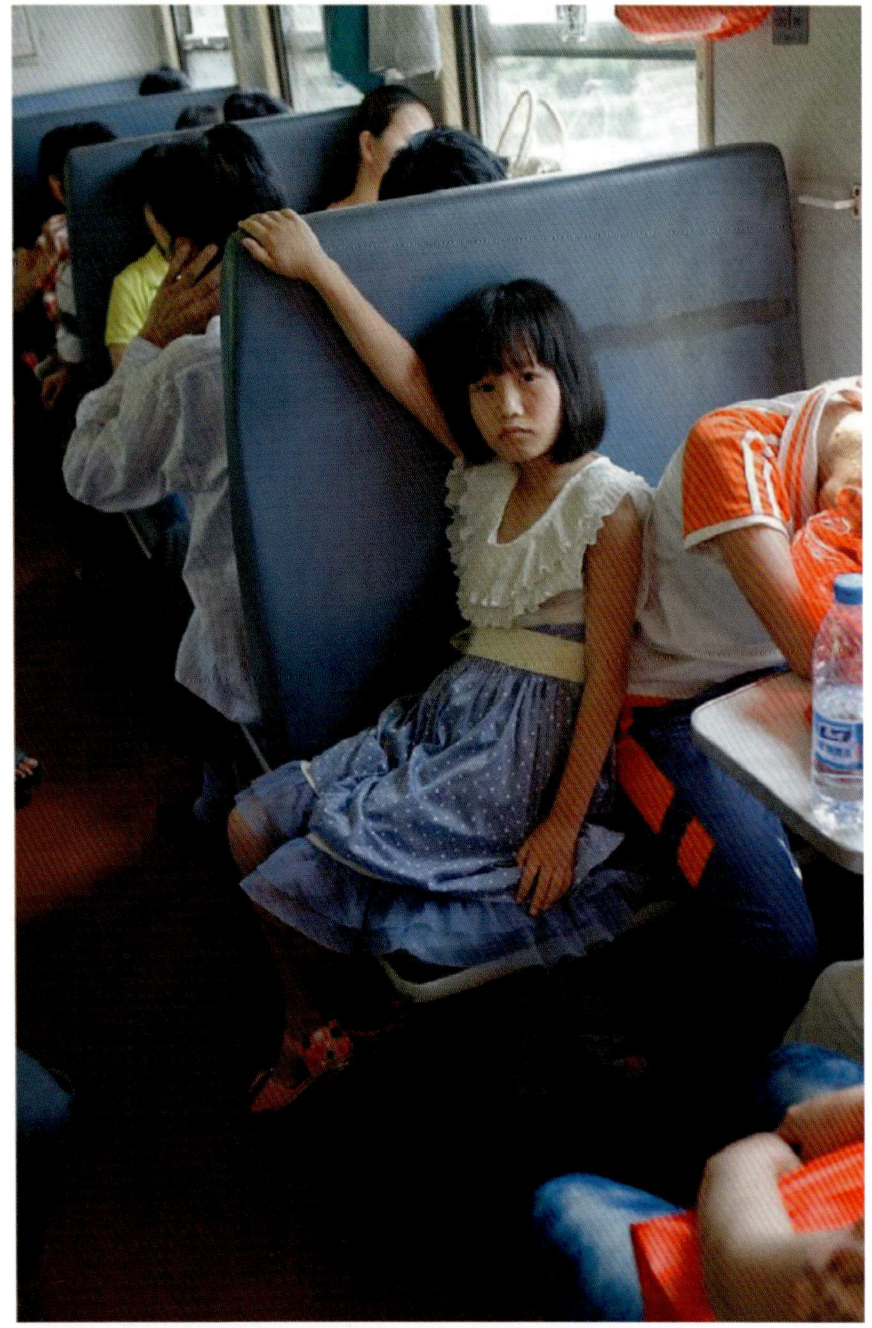

绿皮火车 / 摄影：钱海峰

C + B + U No.2 / 摄影：王居延

Frame / 摄影：广濑耕平（日本）

摄影：孔若琛

摄影：马艺维

摄影：王群

金华表奖

GOLDEN HUABIAO PRICE
FOR PHOTOGRAPHY

赛事简介

金华表摄影奖，是由亚洲“一带一路”摄影大联盟（AB&RP）、香港CIIO研究会、美丽中国影像报，以及AB&RP旗下内地、香港、澳门、台湾六大协会主办，由亚太国际摄影艺术组委会、亚洲摄影师联盟、新加坡怡丰摄影俱乐部、马来西亚影艺学会、印度中国文化交流促进会、泰国皇家摄影学会、缅甸摄影学会、印度尼西亚摄影总会、阿曼摄影学会、孟加拉摄影家协会、斯里兰卡摄影协会、越南艺术摄影学会等协办的综合性摄影表彰活动，是大中华区摄影界最高荣誉奖。

金华表摄影奖概念

华表，是华夏祖先测量日影的标志，是中华民族图腾的标识，是一种中国古代传统建筑文化的形式，是古代宫殿、陵墓等大型建筑物前面做装饰用的巨大石柱。相传华表是部落时代的一种图腾标志，古称桓表，以一种望杜的形式出现，富有深厚的中国传统文化内涵，散发出中国传统文化的精神、气质、神韵。

金华表摄影奖，奖杯古朴精美，采用北京天安门城楼前的华表造型。在华表挺拔的柱身上，雕刻着精美的龙和云，柱顶上部横插着一块云形的长片石，远远看上去，好像柱身直插云间，给人一种庄严的感觉。从某种程度上也可以说是我们民族的一种标志，是中华民族与中国古老的文化紧密相连的一个符号。

因此，金华表摄影奖，既是用影像记录、传承中华文化的一份荣誉，同时，也是对影像艺术与人文关怀和谐的一种肯定，更是作为大中华区摄影人需要肩负起中华民族与古老文化复兴的一份责任与自尊。

金华表奖宗旨

促进中华各民族的安定、团结、幸福与社会和谐。激扬各民族对本土文化的自尊与自豪。展现“美丽中国”历史之源远流长，展现“美丽中国”文化之灿烂辉煌，展现“美丽中国”自然之秀丽壮美，展现“美丽中国”家园之和谐融洽，展现“美丽中国”人之勤奋善良……展现“美丽中国”的丰富层面、能量正聚、向度及内涵。增进中华各民族文化影像与世界各民族文化的交流与理解。

第3届获奖作品选

记忆拓片 / 摄影：张霆

湿地日出 / 摄影：王彦斌

岩上渔村 / 摄影：安喜平

激情时刻 / 摄影：张明友

高举查古 / 摄影：王玉科

金丝路奖

GOLDEN SILK ROAD
PHOTOGRAPHY AWARD

赛事简介

“一带一路”国家摄影“金丝路”奖，是由亚洲“一带一路”摄影大联盟（AB&RP）、国际影艺联盟（IFIA），与“一带一路”共建国家联合主办的一个国际性摄影表彰活动。

其宗旨是：借助“一带一路”的机遇，秉持和平合作、开放包容、互学互鉴、互利共赢的理念，共同打造沿路各国各民族影像文化互信、融合、包容机制；推动、促进不同区域不同民族的影像文化交流、传播与共享；增进“一带一路”沿线各国人民的人文交流与关怀，以及文明互鉴与理解。通过影像文化特有的传播、交流途径，创造出一个相逢相知、互信互敬，共享和谐、安宁繁荣的影像人文平台与空间。

“一带一路”是“丝绸之路经济带”和“21世纪海上丝绸之路”的简称。传统的丝绸之路，是连结亚欧大陆的古代东西方文明的交汇之路。因此，丝绸之路被联合国教科文组织誉为“东西方文明交流对话之路”。

金丝路摄影奖，就是将“一带一路”国家或地区的有一定影响力的摄影机构、协会、俱乐部联合起来，共同打造各国各民族影像文化的交流与传播，挖掘与保护、记录民族文化影像遗产。对那些在弘扬本民族文化影像，或摄影创作、摄影交流方面做出重大贡献的摄影家进行表彰的一个专业性的摄影荣誉大奖。

因此，金丝路摄影奖，既是东西方影像文化交流与对话的一个窗口与展示平台，同时，也是“一带一路”国家或地区的摄影界最专业最有权威性的摄影荣誉表彰大奖。

■ 首届“一带一路”国家摄影金丝路奖全体嘉宾与获奖摄影家

■ 金丝路奖国际评委合影

■ 金丝路奖获自然组“卓越艺术家”奖的摄影家与颁奖嘉宾

■ 第二届金丝路摄影奖背景图

■ 罗马尼亚摄影协会、阿曼摄影协会与亚洲“一带一路”摄影大联盟建立全面合作关系

Heart breaking / 摄影：Quoc Kim Vuong (越南)

埃塞人家 / 摄影：王彦斌

Buddha door / 摄影：姜虹

Prayers Dance / 摄影：FOO SAY BOON (马来西亚)

Morning of Myauk U / 摄影：Kyaw Kyaw Winn(缅甸)

印尼火山 / 摄影：ENGCHUEN FUI (马来西亚)

汇集五湖要闻，四海佳讯，砥砺深耕，见证发展

中国摄影大事记

中国摄影艺术年鉴

贰零贰零——贰零贰壹卷

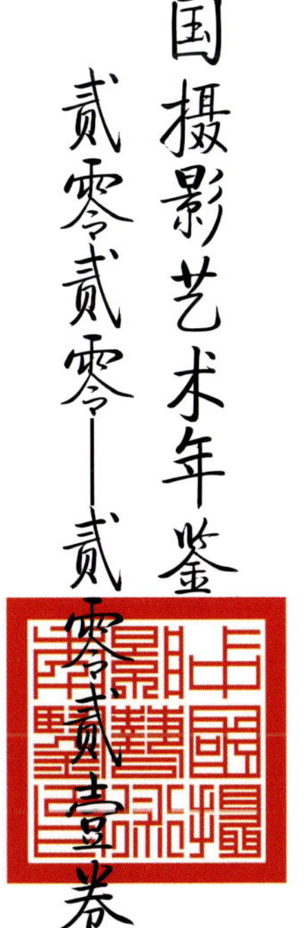

2020年1月4日 ▲ **首届中国（铜陵）长江摄影季开幕** 1月4日，首届中国（铜陵）长江摄影季在“中国古铜都”安徽省铜陵市皖江环球港开幕。地域跨越长江流域十余个省、自治区、直辖市，时间跨度纵横百余年，以长江为主题的数十个摄影主题展、个展和联展整体亮相，既展现出一衣带水的长江流域丰富的自然资源、真实的百姓生活、卓越的建设成就、厚重的文化底蕴，又重点关注了在长江经济带建设、长江生态保护、长三角一体化等国家战略背景下，长江流域新时代的新发展。

1月4日 ▲ **“我们的中国梦——文化进万家”摄影志愿服务小分队深入甘肃天水开展活动** “谢谢北京来的摄影师给我们拍照”，一位手拿着大红春联的大姐非常开心地说。1月4日，吃过早饭的甘肃省天水市秦安县陇城镇的居民早早来到文化广场，拍摄全家福，领取社会主义核心价值观2020新春祥瑞礼包。当日起，为深入贯彻落实习近平总书记关于文化文艺工作的重要论述和给内蒙古自治区苏尼特右旗乌兰牧骑队员回信的重要指示精神，响应落实中宣部等五部委2020年元旦春节期间开展“我们的中国梦——文化进万家”活动号召，由中国文联、中国摄影家协会、中国文艺志愿者协会、甘肃省文联等共同主办的摄影志愿服务活动在天水市秦安县和麦积区陆续展开。

1月8日 ▲ **中国摄影界代表齐聚“百花迎春”，向全国摄影人拜年** 百花吐芬芳，迎春共欢享。在新春佳节即将到来之际，1月8日，“百花迎春——中国文学艺术界2020春节大联欢”在北京人民大会堂举行，来自全国各地、各艺术门类的老中青艺术家欢聚一堂，在中国文联的大家庭中，享受新春佳节欢乐的气氛，欢欢喜喜过大年。中国文联名誉主席孙家正，中国文联主席、中国作协主席铁凝，中国文联党组书记、副主席李屹，中国文联副主席赵实，中国文联党组成员、副主席李前光、陈建文，中国文联党组成员、书记处书记董耀鹏，以及李树文、胡振民、覃志刚、左中一、杨承志、夏潮、董伟、冯远、边发吉等领导出席并观看演出。

1月11日 ▲ **第二届中国·吉林市国际冰雪摄影大展在吉林举办** 随着2022北京冬奥的临近和中国向冰雪强国的迈进，第二届中国·吉林市国际冰雪摄影大展于2020年1月11日在吉林拉开帷幕。此次大展全面升级，四大亮点，七大展览，千余幅摄影作品，带来一场冰雪影像的饕餮盛宴。融合了冰雪和科技元素的互动艺术装置独具新意，让观众体验到与冰雪运动健将一起翱翔雪场的愉悦。

1月11日 ▲ **2020年“我们的中国梦——文化进万家”** 中国文联、中国摄协文艺志愿服务小分队走进河南淅川。2020年是打赢脱贫攻坚战、全面建成小康社会的决胜之年。1月11日至13日，为深入贯彻落实习近平新时代中国特色社会主义思想和党的十九大精神，紧密围绕打赢脱贫攻坚战，全面建成小康社会和实现中华民族伟大复兴中国梦的主题，响应落实中宣部等五部委关于在2020年元旦春节期间举行“我们的中国梦——文化进万家”活动的号召，中国文联、中国摄协走进河南淅川，慰问当地百姓、共享摄影之乐。

1月17日 ▲ **2020年“我们的中国梦——文化进万家”摄影志愿服务小分队走进宁夏西海固** “西海固”对于绝大多数摄影人来说是一个既熟悉又陌生的地名。熟悉的是从国内很多反映西海固的黑白照片中，对于那里干旱贫瘠的荒凉地貌和生存在这片土地上的汉族、回族群众的生产生活有一定视觉认知；陌生的是“纸上得来终

觉浅”，虽慕名已久却因地理位置偏僻还鲜有更多摄影人涉足。1月17日至19日，中国文联、中国摄影家协会、宁夏回族自治区文联摄影志愿服务小分队一行来到“苦瘠甲天下”的宁夏西海固重点区域海原县、彭阳县，走村入户进行慰问，在春节到来前夕为当地群众拍摄全家福，送上来自摄影人的一份心意和祝福。

1月17日 ▲ **习近平同缅甸领导人驻足观看的这组照片大有故事** 1月17日晚，国家主席习近平在内比都第二国际会议中心出席中缅建交70周年庆祝活动暨中缅文化旅游年启动仪式。这是仪式开始前，习近平在缅方领导人陪同下，观看庆祝中缅建交70周年图片展。

1月24日 ▲ 1月24日，在湖北省抗击新型肺炎疫情的关键时刻，中国文联主席、中国作协主席铁凝和中国文联党组书记、副主席、书记处书记李屹分别打电话给湖北省文联主席刘醒龙和党组书记、常务副主席邓长青，详细了解湖北文艺界防控新冠肺炎疫情的情况，代表中国文联向湖北人民和湖北文艺工作者表示深切的慰问和崇高的敬意，祝愿大家身体健康、新春愉快。

1月26日 ▲ **中国摄协发出倡议：为打赢疫情防控阻击战贡献摄影人的力量。** 庚子新春，突如其来的疫情牵动了全国人民的心，也牵动着全国摄影人的心。此刻，春节期间奔波在各个岗位上的新闻摄影记者，将镜头对准了抗击疫情的第一线。感谢你们冒着生命危险，发出全国人民团结一致、抗击疫情的影像报道。你们的工作让全国人民及时了解到真实客观的疫情阻击战战况，鼓舞全国人民抗击疫情的信心，体现了摄影人的责任担当。在此，中国摄影家协会向奋战在疫情阻击战最前沿的摄影工作者表示深切的慰问和崇高的敬意！希望你们能切实做好防范措施，期待你们平安凯旋！以往，春节期间各类摄影采风创作正当时，但面对疫情，摄影人不得不调整出行的计划。希望广大摄影人坚决贯彻落实党中央决策部署。在这个特殊的日子，你们停下外出的脚步，就是对病毒扩散最有利的回击！发挥摄影在社会生活和家庭生活中的独特作用，记录真生活，传递正能量，爱护好自己，减少外出和聚会，积极配合疫情防控部门安排，发现疫情及时上报，坚决遏制疫情蔓延势头，用实际行动为打赢疫情防控阻击战贡献摄影人力量！我们坚信，有党中央的坚强领导，有全国人民的大力支持，一定能打赢这场人民健康保卫战！非常春节，衷心祝福大家平安健康！

2月9日 ▲ **“艺”起战“疫”，全国文艺界继续行动** 新型冠状病毒肺炎疫情发生以来，全国文艺家协会、各地方文联认真贯彻落实习近平总书记重要指示精神和党中央决策部署，充分发挥文艺优势，积极采取防控措施，为抗击疫情贡献力量。

3月9日 ▲ **中国摄影家协会举办北京首个抗击疫情主题摄影展览** 新冠肺炎疫情暴发之后，广大摄影人或前往疫情一线，或将镜头对准身边人，拍摄了众多反映抗击疫情的优秀作品。按照中宣部和中国文联党组的部署，中国摄影家协会分党组紧急布置，集中协会各媒体、各地区和各行业摄影组织的力量，在很短的时间内征集一线作品，举办了本次展览。

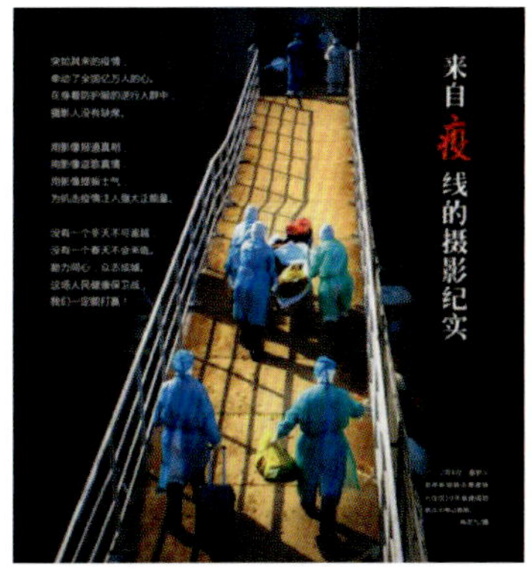

4月12日 ▲ **用影像讲好脱贫攻坚故事——安徽省文联摄影小分队开展脱贫攻坚主题创作调研采风** 4月12日至14日，安徽省文联党组书记、副主席、书记处第一书记何颖带领摄影小分队，分别赴霍山、石台两地开展脱贫攻坚主题摄影创作调研采风。省摄协主席许国，省文艺志愿者协会副主席、省摄协党建指导员乐卫星，省摄协副主席张东俊、何建民、徐国康，以及部分中青年摄影工作者代表参加。

4月27日 ▲ **中国摄协首开“云端”全国摄影工作会** 4月27日，中国摄影家协会以视频方式召开全国摄影工作会议，这在全国摄影工作会的历史上还尚属首次。本次视频会议主会场设在中国摄协六层多媒体厅。非在京的中国摄协主席团成员，59家团体会员单位，以及中国摄协各单位负责人等百余人以视频的形式在“云端”见面。中国摄协分党组成员、秘书长高琴主持会议。

4月30日 ▲ **中国摄协举办迎五四理论学习分享会** 为深入贯彻学习习近平总书记关于统筹推进新冠肺炎疫情防控和经济社会发展工作的系列重要讲话和重要指示批示精神，特别是习近平总书记给北京大学援鄂医疗队全体“90后”党员的回信精神，与时俱进继承发扬五四光荣传统。按照中国文联机关团委关于

在五四期间组织开展“绽放战疫青春·坚定制度自信”主题宣传教育实践活动的有关部署。在中国文联机关团委和中国摄协的大力支持和高度重视下，结合中国摄协党建、团建工作实际，中国摄协机关党委、工会、团支部联合举办的中国摄协迎五四“绽放战疫青春坚定制度自信”理论学习分享会于4月30日成功举办。针对当前疫情防控特殊形势，会议采用线上视频会议形式召开。

5月30日 ▲ 第二届吴印咸摄影艺术双年展新闻发布会在京举行 2020年5月30日下午，由中国摄影家协会、江苏省文联、江苏省沭阳县人民政府主办，中国摄影出版传媒有限责任公司（中国摄影出版社）、沭阳县文化广电和旅游局承办，江苏省摄影家协会协办的第二届吴印咸摄影艺术双年展暨纪念吴印咸诞辰120周年活动举行新闻发布会。发布会采取视频连线方式，分别在北京及沭阳两个会场举行。

6月15日 ▲ 国家版权局发布关于规范摄影作品版权秩序的通知 为加大图片领域版权整治力度，规范摄影作品版权秩序，国家版权局近日发布了《关于规范摄影作品版权秩序的通知》，厘清了摄影作品相关版权问题，推动了构建摄影作品版权保护长效机制。国家版权局有关负责人表示，近年来，随着摄影作品在网络传播中大量使用，图片侵权盗版现象较为严重。同时，一些图库经营单位的不合法、不正当维权行为引起社会广泛关注。为回应业界呼声，着力解决人民群众反映强烈的版权问题，为媒体融合发展营造良好版权法治生态，国家版权局将图片版权整治纳入“剑网2019”专项行动，查办了一批涉及摄影作品侵权盗版的案件，取得了积极成效。《通知》发布对巩固“剑网”行动工作成果，进一步规范摄影作品版权秩序具有积极意义。《通知》主要包括七方面内容。一是明确构成摄影作品的要件是具有独创性，并强调以新闻事件为主题的摄影作品不属于时事新闻，受著作权法保护。二是针对实践中存在的篡改摄影作品标题或作品原意等问题，强调对作者人身权的保护，并重申著作权集体管理组织的法律地位和法定职责。三是规定图库经营单位义务，特别针对图库经营单位的虚构版权、虚假授权、不正当维权等行为进行规制，并就实践中存在的对著作权保护期届满及著作权人放弃财产权的摄影作品进行收集整理形成的图库，明确指出图库经营单位不得以版权许可使用费名义收取费用。四是规定网络服务商义务，强调要切实履行好通知与删除义务。五是强调教科书法定许可中摄影作品作者的获酬权。六是鼓励各方开展合作、形成合力，共同推动摄影作品版权秩序进一步规范。七是重申行政投诉的材料要件，强调权利声明、水印不能单独作为著作权权属的证据，以解决行政执法实践中存在的摄影作品著作权权属认定标准过于宽松的问题。下一步，各级版权行政执法部门将进一步加大打击摄影作品侵权盗版力度，严厉查处图库经营单位通过假冒授权、虚假授权等方式非法传播他人作品的侵权行为，着力整治图库经营单位在版权经营活动中存在的权属不清、不正当维权等违法违规行为，依法维护摄影作品著作权人合法权益。

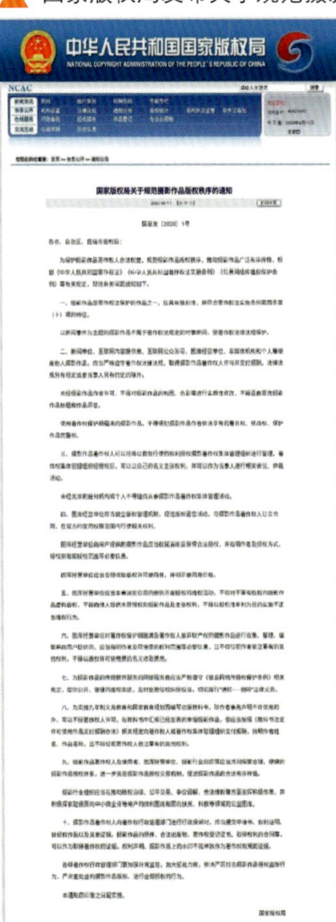
中华人民共和国国家版权局
NATIONAL COPYRIGHT ADMINISTRATION OF THE PEOPLE'S REPUBLIC OF CHINA
NCAC

国家版权局关于规范摄影作品版权秩序的通知

国版发〔2020〕1号

6月28日 ▲ 全球首次！27个国家的百位摄影师镜头中的全球抗疫 6月28日，全球新冠肺炎累计确诊病例超过1000万例。人类面临着自二战结束以来最严重的全球公共卫生突发事件。疫情面前，全球同此凉热。世界各地的摄影师用镜头记录下疫情中的失序生活和非常时刻。6月29日，全球首次以抗击新冠肺炎疫情为主题的同类大型展览“疫·镜——国际抗疫影像纪实”云摄影展，在中国北京启动。

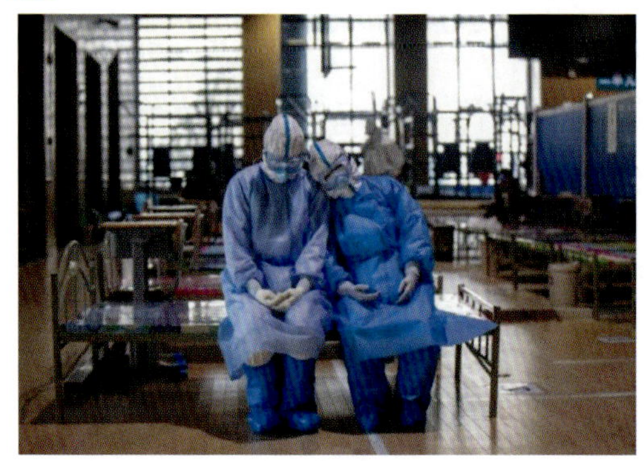
2020年3月10日，中国武汉。武昌方舱医院，两位医疗队队员在等待新冠肺炎治愈患者“出舱”时靠在一起休憩。摄影/费茂华

6月29日 ▲ “疫·镜——国际抗疫影像纪实”云摄影展在中国北京启动 2020年6月29日，“疫·镜——国际抗疫影像纪实”云摄影展在中国北京启动。中国外文局局长杜占元，中国文联党组成员、副主席李前光在北京开幕式现场致辞，俄罗斯报社长帕维尔·涅戈伊察（Pavel Negoitsa）、意大利特莱卡尼文化集团总裁弗兰克·盖洛（Franco Gallo）、韩国亚洲新闻集团总编辑梁圭铉（Yang Kyuhyun）、墨西哥头版俱乐部主席何塞·路易斯·乌里韦（José Luis Uribe）通过网络平台进行了云致辞。中国摄影家协会主席李舸，中国文联摄影艺术中心副主任吴砚华等嘉宾出席了开幕式。

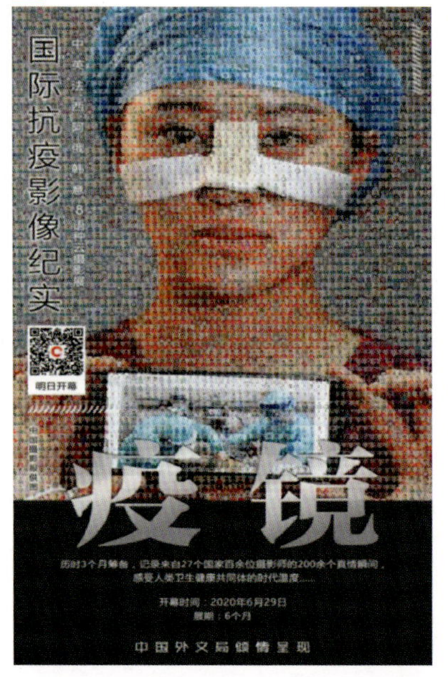

8月11日 ▲ 向海金融城杯“丝路明珠·魅力北海”全国摄影大展启动　2020年8月11日，向海金融城杯“丝路明珠·魅力北海”全国摄影大展系列活动新闻发布会在广西北海市新闻发布厅举行。中国摄影家协会主席李舸，北海市委宣传部常务副部长、北海市人民政府新闻办主任苏远信，广西壮族自治区摄影家协会主席施兴良，《大众摄影》杂志社主编助理彭玫，北海市旅游文体局局长鲁性东，北海市文联主席韦晓红，北海红树林现代金融产业城董事长余邦瑞等领导及负责人出席了新闻发布会。

8月15日 ▲ 1600余部影像作品展现中国战“疫”历程　“2020中国力量战‘疫’短视频影像展映周”15日在广西梧州市拉开帷幕。来自全国各地的1600余部影像作品，以独特的光影艺术形式，记录并见证了中国人民抗击新冠肺炎疫情的艰辛历程，向抗疫英雄们致敬，为中国战“疫”加油。

8月20日 ▲ 中国摄协召开理论评论工作座谈会　8月20日，为进一步深入研究目前摄影理论评论工作中存在的问题，提升摄影理论评论的战斗力、说服力和引导力，中国摄影家协会在京举办理论评论工作专题座谈会。文艺理论和评论是文艺事业的重要组成部分，是推动文艺繁荣发展的重要力量。多年来，广大摄影理论评论工作者辛勤付出，产生了一大批优秀的学术成果，为摄影事业的发展做出了重要贡献，中国摄影理论评论工作取得了长足的进步。但同时，摄影理论评论还存在战斗力、说服力和引导力弱化，褒优贬劣、激浊扬清功能发挥不充分等问题。本次座谈会邀请了活跃在摄影理论评论界的专家学者、媒体从业人员就摄影理论评论工作的现状及开拓发展等畅所欲言。

8月29日 ▲ 回望·富春山居——叶文龙摄影作品展在京开幕　8月29日，回望·富春山居——叶文龙摄影作品展在北京中华世纪坛开幕。该展览是中国文学艺术基金会中国文学艺术发展专项基金资助项目，由中国摄影家协会主办，中共温岭市委宣传部承办，浙江省摄影家协会、中共台州市委宣传部、台州市文学艺术界联合会、温岭市文学艺术界联合会、台州市摄影家协会、温岭市摄影家协会协办。中国摄影家协会副主席居杨、柳军，浙江省摄影家协会主席王小川，中国金融摄协主席徐波，本次展览的策展人、摄影家周梅生、于云天，以及中国摄协各处室负责人等领导和嘉宾出席开幕仪式并观看展览。开幕式由周梅生主持。

9月11日 ▲ 中国文联举办“摄影小分队抗疫事迹报告会”　9月11日，为大力弘扬伟大抗疫精神，树立先进、学习先进，弘扬正气、鼓舞干劲，激励文联系统广大干部职工和广大文艺工作者不忘初心、牢记使命、勇于担当、奋发有为，努力开创文艺事业和文联工作新局面，中国文联在京召开“摄影小分队抗疫事迹报告会”。

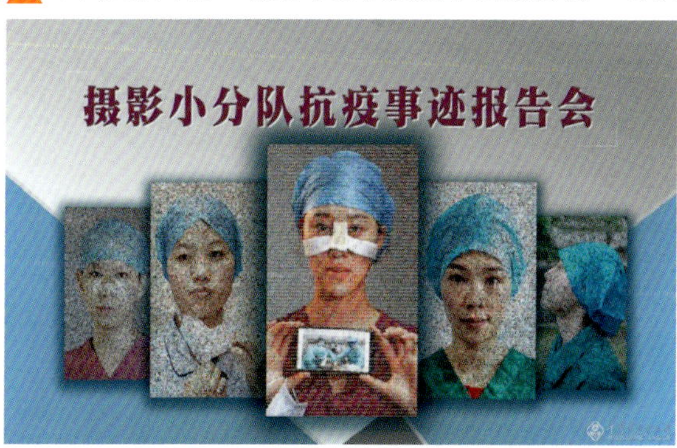

9月12日 ▲ 2020隆里在地影像节开幕。9月12日隆里在地影像节在贵州锦屏县隆里古城开幕。来自全国各地的70余名艺术家相聚隆里古城，围绕“旅游+”这一主题，通过摄影展、论坛、文化艺术直播讲座等形式，促进艺术与旅游有机结合，助力锦屏独具特色的民族文化走出去。

9月13日 ▲ “我们过上了好日子”——“精准扶贫在阜平”主题摄影展在骆驼湾村民的家门口开展　9月13日，“我们过上了好日子”——“精准扶贫在阜平”主题摄影展在骆驼湾村民的家门口开展。刚布展完毕，就吸引了众多踏着晨光开始一天辛勤劳作和日常生活的骆驼湾村民的目光。他们纷纷在展板前驻足观看，看家乡7年多来发生的翻天覆地的变化，看自己脱贫致富、步入小康的幸福生活。

9月19日 ▲ **2020第20届平遥国际摄影大展开展** 金秋九月，丹桂飘香。9月19日，2020第20届平遥国际摄影大展在古城平遥柴油机展区如约开幕。开展仪式以大气磅礴的歌舞、清新婉转的合唱等艺术形式，传递出对美好生活的向往和守望相助共克时艰的主基调，同时揭晓2021年摄影大展的主题为“精彩世界·美丽中国”。

9月19日 ▲ **“摄影＋”这样诠释“博门艺嘉杯”美丽视界全国摄影大展开幕** 9月19日，“博门艺嘉杯”美丽视界全国摄影大展在江苏省泰兴市博门艺嘉网络技术有限公司开幕。中国摄影家协会商业摄影委员会2020年工作会议也同期进行，这也是商业摄影委员会理论结合实践开展工作的一次尝试。

9月21日 ▲ **时代·记忆 初心·奋斗 第二届吴印咸摄影艺术双年展开幕** 9月21日上午，第二届吴印咸摄影艺术双年展暨纪念吴印咸诞辰120周年活动在江苏省沭阳县吴印咸故居西侧广场隆重开幕。本次活动由中国摄影家协会、江苏省文联、江苏省沭阳县人民政府主办，中国摄影出版传媒有限责任公司（中国摄影出版社）、沭阳县文化广电和旅游局承办，江苏省摄影家协会协办。

9月21日 ▲ **见证·前行——广西环江毛南族实现整族脱贫摄影展** 在京举办 由中国摄协指导，中国艺术报社、广西文联、中共环江毛南族自治县委员会、环江毛南族自治县人民政府、广西摄协主办，环江毛南族自治县脱贫攻坚指挥部、中共环江毛南族自治县委员会宣传部承办，河池日报社协办的见证·前行——广西环江毛南族实现整族脱贫摄影展于9月21日在中国文艺家之家展览馆开幕。

9月21日 ▲ **纪念吴印咸诞辰120周年摄影艺术研讨会于沭阳举办** 9月21日，第二届吴印咸摄影艺术双年展暨纪念吴印咸诞辰120周年活动期间，由中国文联、中国摄影家协会主办，中国文联国内联络部、中国摄协理论研究处、中国摄协摄影理论委员会、中国摄影出版社承办的“纪念吴印咸同志诞辰120周年”摄影艺术研讨会在江苏省沭阳县行政中心举办。研讨会旨在学习、继承吴印咸热爱党、热爱祖国、献身摄影事业的崇高思想和专注于摄影教育研究的学术精神，激励广大摄影工作者不负时代召唤、不负人民期待，积极为摄影事业繁荣发展做出贡献。

9月28日 ▲ **多彩贵州·第十三届中国原生态国际摄影大展在贵州镇远举行** 由中共贵州省委宣传部、中国新闻社共同主办，多彩贵州·中国原生态国际摄影大展组委会办公室、中共镇远县委、镇远县人民政府共同承办的多彩贵州·第十三届中国原生态国际摄影大展于9月28日在黔东南州镇远县举办开幕式及大型主题展览系列活动。本届大展以“共同的世界——以山为语”为主题，展览分为国内摄影作品展、国际摄影作品展、贵州主题展等，同时举办6场学术活动及采风创作、直播推介等系列活动。展出2500余幅摄影作品，展期10天。

9月28日 ▲ **从“日常”出发中外青年摄影多媒体展在贵州举办** 9月28日，日常：生活的原生创作——中外青年摄影多媒体展分享会在贵州省镇远古城举行。该活动是2020多彩贵州·第十三届中国原生态国际摄影大展系列活动之一。“日常”中外青年摄影师联展由中国文联摄影艺术中心主办，旨在鼓励青年人从身边“日常”出发，真正地用摄影的语言读解生活。联展自2015年启动以来，以“日常——观照”“日常——遇见”“日常——心像”“日常——非常”“日常——时间的旷野”每年一个主题，已经举办五届，共有超过30个国家和地区的100多位青年摄影师作品入选。

10月11日 **《捧起希望：解海龙自述》新书发布会在京举行** 10月11日上午，希望·感恩——镜头的温度，影像的力量《捧起希望：解海龙自述》新书发布会暨读者见面会在首都博物馆举行。活动由山东画报出版社、《大众摄影》杂志社、北京首博文化发展有限公司、世界华人摄影联盟共同主办。该书已成功入选中宣部2020年主题出版重点出版物。

10月16日 **晴朗的天空——青藏高原各族人民的新生活主题摄影展览在京举办** 正值北京秋高气爽之际，10月16日上午，晴朗的天空——青藏高原各族人民的新生活主题摄影展览在中国文艺家之家展览馆开幕。该活动由中国文学艺术界联合会、中国摄影家协会共同主办，中国文联摄影艺术中心承办。

10月24日 **2020艺术摄影专业委员会工作会议召开** 2020年10月24日，中国摄影家协会艺术摄影专业委员会工作会议在福建省宁德市蕉城区召开。中国摄协分党组书记、驻会副主席郑更生，中国摄协副主席、艺委会主任李学亮、柳军，中国摄协副主席潘朝阳，艺委会委员李世雄、石广智、吴宗其、徐波、奚志农、叶文龙、吴健、梁达明、冯建国、晋永权等出席会议。

11月6日 **中国摄协召开专题会议传达学习党的十九届五中全会精神** 11月6日上午，中国摄协召开专题会议，传达学习党的十九届五中全会精神。会议传达学习了习近平总书记在党的十九届五中全会上的重要讲话和受中央政治局委托作的工作报告，传达学习了《中国共产党第十九届中央委员会第五次全体会议公报》《中共中央关于制定国民经济和社会发展第十四个五年规划和二〇三五年远景目标的建议》。会议还传达学习了黄坤明同志在学习宣传贯彻党的十九届五中全会精神电视电话会议上的讲话。会议对中国摄协学习宣传贯彻党的十九届五中全会精神有关工作作出了安排部署。中国摄协分党组书记、驻会副主席郑更生主持会议并讲话。中国摄协分党组成员、秘书长高琴，中国摄协分党组成员、副秘书长彭文玲，中国摄协各处室、各单位主要负责人等参加会议。

11月7日 **北京国际摄影周2020“云影像”大众手机摄影活动暨“攻坚”题材手机摄影公益大展开幕** 2020年11月7日，北京国际摄影周2020“云影像”大众手机摄影活动暨“攻坚”题材手机摄影公益大展在中华世纪坛拉开帷幕。本届北京国际摄影周“云影像”大众手机摄影活动暨“攻坚”题材手机摄影展，是中国通信摄影协会承办的第八届，是由中国移动轮值承办的，也得到了中国邮政、中国电信、中国联通、中国铁塔、中国通信企业协会、人民邮电出版社、中国通信摄影协会手机摄影分会、中国新闻社图片网络中心、大美摄影等协办单位的全力配合和大力支持。

11月8日 **朱宪民摄影艺术论坛在濮阳开幕** 2020年11月8日，中国·濮阳——朱宪民摄影艺术论坛在市迎宾馆举行。濮阳市委常委、宣传部部长张锦印，副市长黄守玺，市政协副主席刘国相出席。中国艺术研究院副院长、中国文艺评论家协会副主席李树峰，中国摄影家协会顾问、中国艺术摄影学会执行主席朱宪民等我市艺术摄影界代表参加论坛。

11月16日 **“中国·张家界”首届世界遗产摄影大展开幕** 11月16日至22日，“中国·张家界”首届世界遗产摄影大展在世界自然遗产地——张家界市举行。71个国家和地区的115处世界遗产影像作品装点着张家界的大庸古城、大峡谷、天门山、天子山等知名旅游景点。作为张家界的老朋友，曾题词赞誉“地上最高绝景”的联合国第八任秘书长潘基文专为大展发来贺信，对主办方的积极贡献表示赞赏，并为本次活动的成功举办送上祝福。他说：“世界遗产是人类的共同财富，影像是交流、共享、保护、传承世界遗产的重要方式。”

11月29日 ▲“世界的开平”——摄影旅游自媒体峰会暨第二届沙飞摄影周在开平启幕　11月29日，“世界的开平”——摄影旅游自媒体峰会暨第二届沙飞摄影周在“中国摄影之乡”“世界文化遗产中国碉楼之乡”“华侨之乡”“中国建筑之乡”“世界名厨之乡”“广东红色摄影先驱沙飞故里”——开平市拉开帷幕。活动由中国摄影家协会纪实摄影委员会、广东省摄影家协会、中国摄影报社、开平市人民政府共同主办。

12月1日 ▲双城记——成都·重庆当代影像展在蓉举办　12月1日，双城记——成都·重庆当代影像展在成都当代影像馆举行了开幕仪式。影像展展出成渝两地12名艺术家的作品，旨在以作品及其创作历程为切入点，通过独特的艺术展现形式，引发两地文化的碰撞与交流，进一步促进成渝两地的融合与发展。

12月3日 ▲第十三届中国摄影艺术节紧扣时代脉搏，擘画摄影篇章　12月3日，第十三届中国摄影艺术节新闻发布会在北京召开，宣布第十三届中国摄影艺术节将于12月20日在素有“天鹅之城”美誉的河南省三门峡市举行。届时，三门峡市将迎来全国各地乃至世界的摄影人，共襄摄影盛会。

12月4日 ▲中国摄协摄影教育委员会召开2020年度工作会议　2020年12月4日，中国摄影家协会摄影教育委员会工作会在北京召开，会议总结了2020年工作，展望部署了2021年工作，与会委员纷纷建言献策，共商摄影教育之大计。中国摄协分党组书记、驻会副主席郑更生，中国摄协副主席、中国摄协摄影教育委员会主任刘鲁豫，中国摄协专委会工作处副处长李文敏，中国摄协摄影教育委员会委员史民峰、冯严、闫平、李毅、张新根、陈建强出席会议。会议由北京摄影函授学院院长、中国摄协摄影教育委员会秘书长张希红主持。

12月5日 ▲新传播媒介下的摄影教育——2020年中国摄影教育论坛在京召开　2020年12月5日，以“新传播媒介下的摄影教育”为主题的2020年中国摄影教育论坛在北京召开，旨在探讨中国摄影教育，以学术促进摄影教育实践发展。活动由中国摄影家协会摄影教育委员会和北京摄影函授学院共同主办，中国摄影家协会分党组成员、秘书长高琴，以及来自全国各地的各位学者和教育工作者出席会议。北京摄影函授学院院长、中国摄影家协会摄影教育委员会秘书长张希红主持论坛。

12月5日 ▲青少年摄影教育分论坛——2020年中国摄影教育论坛　2020年12月5日，以“新传播媒介下的摄影教育”为主题的2020年中国摄影教育论坛在北京召开，旨在探讨中国摄影教育，以学术促进摄影教育实践发展。本次论坛除主论坛外，设有三个分论坛：高校摄影教育分论坛、社会（职业）摄影教育分论坛、青少年摄影教育分论坛，邀请相应主题的专家学者和教育工作者出席。青少年摄影教育分论坛由北京摄影函授学院教务长袁钦玲主持，现场气氛热烈，出席嘉宾围绕青少年摄影教育展开无私分享和深入探讨，掀起一个个头脑风暴小高潮。

12月6日 ▲2020年北京摄影函授学院摄影教育工作会在京召开　2020年12月6日，2020年北京摄影函授学院摄影教育工作会在北京召开。北京摄影函授学院院长张希红、教务长袁钦玲、教务部主任孟超、活动部副主任崔洪波，以及北京摄影函授学院各地分院代表、院本部全体教职工等参会。

12月11日 ▲中国·大鹏国际旅游摄影大展在深圳开幕　12月11日，中国·大鹏国际旅游摄影大展在深圳市大鹏新区大鹏所城北门广场隆重开幕。展览由大鹏新区文化广电旅游体育局主办，中国摄影出版传媒有限责任公司（中国摄影出版社）、企业家摄影协会（深圳）承办。

2月11日 ▲ 中国摄协影像产业委员会召开2020年度工作会议 12月11日上午，中国摄影家协会影像产业委员会2020年度工作会议在深圳举行。中国文联摄影艺术中心专业委员会工作处副处长李文敏，影像产业委员会主任线云强，秘书长高扬，委员钟维兴、罗勇、王军、严志刚、李欣、柴继军、杨玉辉参加会议。中国摄影家协会顾问、中国艺术摄影学会执行主席朱宪民，中国摄影家协会顾问、山西省摄影家协会原主席王悦，中国摄影家协会副主席、企业家摄影协会（深圳）主席王琛出席了会议。

2月20日 ▲ 第十三届中国摄影艺术节展览推精品出力作 "燃"动天鹅之城 12月20日，第十三届中国摄影艺术节和第四届中国三门峡自然生态国际摄影大展联袂亮相，除展出第十三届中国摄影金像奖获奖者的作品之外，还举办了主题展、致敬展和特色展，共展出1100多位摄影家的4000余幅作品，展出作品精良，展陈方式多样，让影像在这个冬日里燃动全城。

2月20日 ▲ 第十三届中国摄影艺术节暨中国摄影金像奖颁奖典礼异彩纷呈汇聚摄影梦想彰显影像作为 12月20日，摄影界万众瞩目的第十三届中国摄影艺术节开幕式暨第十三届中国摄影金像奖颁奖典礼在三门峡国际文博城大剧院举行。19位新晋金像奖获得者站上流光溢彩的颁奖舞台，迎来属于他们摄影生涯的高光时刻，接受来自全国摄影人的由衷祝福。

2月20日 ▲ 战疫脱贫润初心 培根铸魂谱金像——第十三届中国摄影艺术节点亮天鹅之城 12月20日，在热烈的期盼中，备受瞩目的第十三届中国摄影艺术节暨第四届中国三门峡自然生态国际摄影大展在三门峡国际文博城大剧院拉开帷幕，第十三届中国摄影金像奖同期隆重揭晓。中国摄影艺术节是经中央批准创办、关注度持久、影响力广泛的摄影节，是促进中国摄影艺术交流展示的重要平台，具有引领创作、举贤荐优的重要作用，为当代最优秀的中国摄影家搭建了展示卓越才华的舞台。本届中国摄影艺术节由中国文联、中共河南省委宣传部、中国摄影家协会主办，河南省文联、三门峡市人民政府承办，以"战疫脱贫润初心 培根铸魂谱金像"为主题，突出导向引领，汇聚摄影成果，彰显影像力量，讲好中国故事。

12月20日 ▲ 第四届全国青年摄影大展正式启动 12月20日，由中国摄影家协会主办，北京摄影函授学院、中国摄影家协会摄影教育委员会承办的"影像正青春"青年摄影师分享会暨第四届全国青年摄影大展启动仪式在河南三门峡举办。

12月23日 ▲ 中宣部表彰、中国摄协表扬抗疫先进集体和个人 为了弘扬伟大的抗疫精神，激励广大摄影工作者不忘初心，培根铸魂，中宣部授予中国摄协赴湖北抗击疫情小分队"全国宣传文化系统抗击新冠肺炎疫情先进集体"，陈黎明、曹旭等人"抗击新冠肺炎疫情先进个人"。中国摄影家协会决定授予湖北省摄影家协会、河南省摄影家协会"抗击新冠肺炎疫情先进团体会员单位"，授予丁俊杰等127名同志"抗击新冠肺炎疫情先进摄影工作者"。

12月24日 ▲ 中国摄协举办少数民族摄影人才培训班 为加速培养少数民族摄影骨干人才，促进少数民族地区摄影艺术的发展，12月20日—24日，中国摄影家协会在河南三门峡举办了少数民族摄影人才培训班，近百位来自各民族地区的基层摄影工作者参加了本次培训，中国摄协（三门峡）培训中心组织了近百位基层摄影人以旁听生身份参加了本次培训。中国摄影家协会副主席、河南省摄影家协会主席刘鲁豫，中国摄影家协会分党组成员、秘书长高琴，中共三门峡市委宣传部常务副部长任战洲等出席开班仪式。高琴在开班动员讲话时充分肯定了优秀人才对促进民族地区摄影艺术发展的重要作用，并希望学员珍惜们培训机会细心学习，切实通过培训提高思想认识和政治站位、提升艺术水平和艺术修养，将学习成果带回各少数民族地区，促进各地区摄影事业的共同发展。

12月25日 ▲ **90岁高龄的书法家沈鹏题写馆名“国字号”中国摄影艺术馆三门峡开馆** 90岁高龄的著名书法家、中国书法家协会名誉主席沈鹏特地为中国摄影艺术馆挥毫泼墨题写馆名，醒目的“中国摄影艺术馆”7个大字伫立在5层楼高的艺术馆正上方，这也是中国摄协历史上首次由著名书法家题写馆名，充分显示出沈老对中国摄影艺术发展的关心和支持。

12月26日 ▲ **2020中国摄协“送欢乐下基层”学雷锋文艺志愿服务活动走进海口** 12月26日，由中国摄影家协会、海南省文联、海口市文明办主办，中国文联摄影艺术中心、海南省摄影家协会、海口市美兰区委宣传部、琼山区委宣传部、海口市摄影家协会承办的2020中国摄协“送欢乐下基层”学雷锋文艺志愿服务活动走进海南省海口市美兰区、琼山区活动，在琼山区新时代文明实践中心启动。

2021年1月6日 ▲ **“见证脱贫攻坚”摄影展在京展出** 1月6日，“见证脱贫攻坚”摄影展在北京中华世纪坛南广场展出。本次展览以专题摄影、图片故事为重点，展出111幅反映脱贫攻坚艰巨历程和伟大历史性成就的作品，汇集了全国摄影人和基层扶贫干部深扎乡土、深入生活、深情凝视而拍摄出的精品。该展览是中国摄影家协会2021年新年首展，亦是“北京国际摄影周2020”的收官大展，由中国摄影家协会主办，中国文联摄影艺术中心承办。

1月18日 ▲ **中国摄协召开九届七次主席团会** 1月18日，中国摄影家协会第九届主席团第七次会议采用线上线下相结合、远程视频连线形式召开。中国摄协主席李舸主持会议。中国摄协分党组书记、驻会副主席郑更生，副主席王琛、刘鲁豫、李学亮、杨越峦、陈小波、居杨、线云强、柳军、雍和、潘朝阳分别在北京主会场或以视频形式在“云端”参会。中国摄协分党组成员、秘书长高琴，分党组成员、副秘书长彭文玲，中国文联摄影艺术中心常务副主任厉夫波，以及中国摄协机关各处室、艺术中心各处室、各直属单位负责人列席会议。

1月31日 ▲ **亨利・卡蒂埃-布列松个展“欧洲，目光所及”在成都当代影像馆开展** 成都当代影像馆于2021年1月31日呈现著名新闻摄影师亨利・卡蒂埃-布列松展览《欧洲，目光所及》。本次展览展出了布列松游历欧洲各国所拍摄的珍贵影像，部分展出作品为布列松“决定性瞬间”风格的代表之作。

3月6日 ▲ **“山娃”镜头里的纯净家乡——山湖情“山娃・象”公益摄影展在苏州举办** 3月6日，由中共苏州市委宣传部全程指导，苏州市文联、相城区委宣传部主办，相城区文联及苏州市摄协承办的山湖情“山娃・象”公益摄影展暨苏州文联・艺术空间开幕式在苏州市轨交4号线三元坊地铁站举行。本次公益影展从7万余幅作品中精心挑选了139幅展出。开幕式现场，一群身穿民族服装的孩子成为最亮丽的风景线。他们是影展的部分小作者，来自贵州、四川、云南等地，多数为留守儿童或异地扶贫搬迁家庭的孩子，其中90%以上是少数民族。

3月25日 ▲ **“1+X数字影像处理职业技能等级证书”召开线上说明会** 为贯彻落实《国家职业教育改革实施方案》《教育部办公厅等三部门关于推进1+X证书制度试点工作的指导意见》等政策和文件要求，促进相关院校和企业对1+X证书的了解，积极开展证书试点工作，2021年3月25日下午，“1+X数字影像处理职业技能等级证书”线上说明会成功召开，此次说明会是由中摄协国际文化传媒(北京)有限公司主办、北京良知塾数字科技有限公司承办。

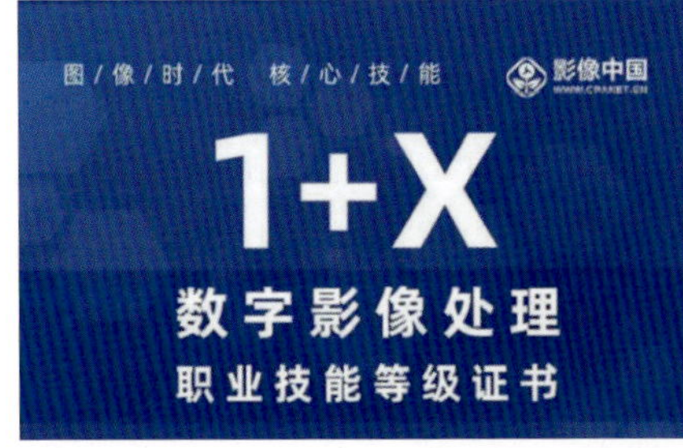

3月26日 ▲ **全国著作权登记——登记数量摄影第一** 近日，国家版权局发布了关于2020年全国著作权登记情况的通报。通报显示，2020年我国著作权登记总体依然呈现出稳步增长趋势，总量达到503.95万件，同比增长20.37%。其中作品登记331.6万件，计算机软件登记172.2万件。从作品类型来看，摄影作品以

中国新闻出版广电报
2020年全国著作权登记总量超500万件

151万件的登记数量位居榜首，占登记总量45.56%；第二位美术作品129.5万件，占登记总量39.06%；第三位文字作品21.2万件，占登记总量6.42%；此后依次为影视作品、录音制品、音乐作品、录像制品、模型、戏剧、曲艺、建筑作品等。

4月7日 ▲ **“相约春天”抗疫摄影展武汉开幕** 春暖花开，相约春天。4月7日，“相约春天”抗疫摄影展在湖北武汉开幕。本次摄影展由中国文联、湖北省委宣传部指导，中国摄协、中国文学艺术基金会、湖北省文联主办，湖北省摄协、湖北画报社承办，共展出作品200余件。

4月9日 ▲ **“希望的田野——脱贫攻坚 共享小康全国摄影展”在京开幕** 4月9日，由中国文学艺术界联合会、中国国家博物馆和中国摄影家协会联合主办的“希望的田野——脱贫攻坚 共享小康全国摄影展”开幕式在国家博物馆西大厅举行。展览通过不同时期近150名摄影家的近180幅作品，生动记录脱贫攻坚这一伟大历史实践，以影像的力量展示和反映全面建成小康社会取得的伟大成就。

4月21日 ▲ **心像视界——杨元惺摄影艺术展在京开幕** 4月21日，“心像视界——杨元惺摄影艺术展”在中华世纪坛艺术馆拉开帷幕。展览由中华世纪坛艺术馆和元惺工作室联合主办，展出188幅摄影作品，分“我和我的祖国”与“天涯若比邻”两个单元，集中展示中国艺术摄影学会主席杨元惺先生摄影艺术的成果。

4月22日 ▲ **第23届China P&E将于5月14日在北京启幕** 4月22日，中国国际照相机械影像器材与技术博览会（以下简称：China P&E）在京举行媒体见面会，宣布第23届China P&E将于5月14日至17日在北京展览馆举办。China P&E作为在国际上极具影响力的影像器材全产业链品牌展会之一，将一如既往地在生产商、经销商、消费者之间搭建理想的交流平台。

4月25日 ▲ **中国摄协九届八次主席团会暨学术指导委员会会议在江苏常州召开** 4月25日晚，中国摄影家协会九届八次主席团会议暨学术指导委员会会议在江苏省常州市东方盐湖城召开。

中国摄协主席李舸主持会议，并传达习近平总书记在党史学习教育动员大会上的重要讲话精神。中国摄协分党组书记、驻会副主席郑更生就协会有关重点工作和项目实施情况作报告。中国摄协分党组成员、秘书长高琴就《〈关于对中国摄协团体会员单位表扬的通报〉的建议案》进行说明；分党组成员、副秘书长彭文玲就《关于印发〈关于禁止参与各类非法社会组织活动或担任职务的通知〉的建议案》进行说明；分党组成员、副主席、副秘书长居杨对学术指导委员会的工作进行说明。中国摄协主席团成员、分党组领导、艺术中心主任、协会有关单位负责人等参加会议。

4月26日 ▲ **2021年全国摄影工作会议在江苏常州召开** 4月26日，中国摄影家协会2021年全国摄影工作会议在江苏常州召开。中国摄协56个团体会员单位负责人聚集一堂，共商新时代中国摄影事业繁荣发展大计。

中国文联党组成员、副主席李前光出席会议，并向常州东方盐湖城授予“中国摄影创作基地”荣誉牌匾。

江苏省文联党组书记、常务副主席、书记处第一书记水家跃，中国摄影家协会主席李舸分别致辞。中国摄协分党组书记、驻会副主席郑更生代表中国摄协作了题为《立足新阶段 开启新征程——全力推动新时代社会主义摄影事业繁荣发展》的工作报告。

中国摄协分党组成员、秘书长高琴宣读《关于对中国摄协团体会员单位表扬的通报》，并对14家中国摄协团体会员单位授牌表彰。

4月26日 ▲ **致敬劳动者——朱宪民、王玉文摄影作品展** 此次展览以“致敬劳动者”为主题，共展出两位摄影家上世纪60年代以来拍摄的不同时期

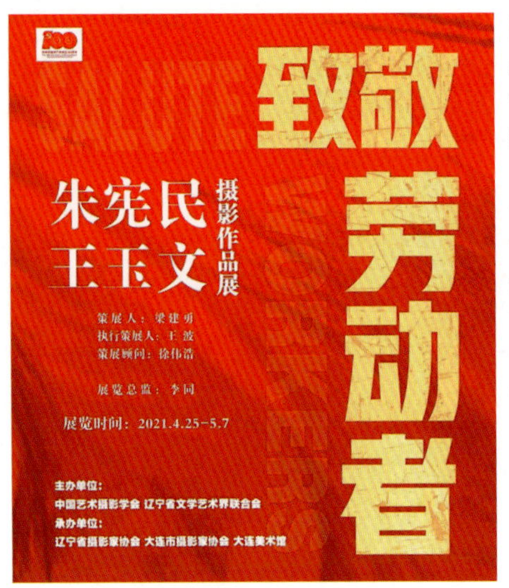

的优秀作品各30幅。这些作品向社会奉献了他们的倾心之作，既是献给中国共产党百年华诞的一份厚礼，也是为劳动者立像，并留给后人作为回眸历史的见证。这些作品，既展现了他们对摄影艺术的痴情、追求和高超的技艺，也体现出劳动者题材作品恒久的生命力之所在，以及影像所具有的深刻内涵和时代意义。致敬劳动者，就是向人民致敬，因为只有人民才是创造世界历史的动力，江山就是人民，人民就是江山。

4月27日 ▲ **中国公元，汕头工业印记——林希之与100位公元人影像展暨研讨会举办** 4月27日晚上，以“中国公元，汕头工业印记”为主题的林希之与100位公元人影像展在汕头工业设计城开幕。本次展览由中国高等教育学会摄影教育专业委员会作为学术指导单位，广东省摄影家协会当代摄影委员会、汕头大学创新设计产业学院主办，潮州市摄影家协会、揭阳市摄影家协会、汕头市青年摄影家协会协办，汕头工业设计城承办，并得到了江南梅湾的大力支持。中国高等教育学会摄影专业委员会副主席、南昌师范学院党委书记王金平，原汕头大学党委书记、全球汉诗总会常务副会长黄赞发，新华社领衔编辑、中国摄影家协会副主席陈小波，中国摄影报常务副总编柴选，中国美术馆副研究员魏祥奇，汕头大学有关部门领导、部分老公元人、潮汕三市摄影界人士、新闻媒体及汕大师生等出席开幕式并参观展览。

4月29日 ▲ **“天山放歌——新疆各族人民幸福生活”主题摄影展在疆巡展** 4月29日，“天山放歌——新疆各族人民幸福生活”主题摄影展新疆巡展在乌鲁木齐美术馆开幕。

本次新疆巡展分为民族大团结、边疆好风光、脱贫促发展、文化新生活等四个部分，用100余幅优秀的摄影作品，记录新疆各族人民建设美丽新疆、共圆祖国梦想的绚丽画卷，为中国共产党成立100周年献礼。

5月15日 ▲ **苏克杯“世界的帕米尔 永远的玛纳斯”全国摄影大展在京启动** 为庆祝中国共产党成立100周年，集中展示克州经济发展、社会稳定、民族团结和江苏对口支援克州十年来的丰硕成果，用图片向全国、全世界推介克州，讲好克州故事，扩大克州在经济、文化、旅游等方面的影响力和核心竞争力，5月15日，苏克杯“世界的帕米尔 永远的玛纳斯”全国摄影大展启动仪式暨新闻发布会在中国摄影家协会多功能厅举办。

5月30日 ▲ **“时代楷模——致敬中国共产党百年华诞”主题影像展在京开幕** 在中国共产党成立100周年之际，“时代楷模——致敬中国共产党百年华诞”主题影像展30日上午在北京中华世纪坛开幕。

展览分室内室外两个展区，聚焦“改革发展创新者”“逐梦小康奋斗者”“公平正义守护者”“幸福生活创造者”“强军梦践行者”“党的建设引领者”6个单元，探索“现场+”、丰富“基层+”、创新“典型+”，运用历史图片、文字视频、实物场景、互动体验等多种手段和元素，生动展现了党的十八大以来，在以习近平同志为核心的党中央坚强领导下，“时代楷模”等一大批英雄模范忠于党、忠于祖国、忠于人民的爱国情怀，坚毅执着、迎难而上的奋斗姿态，踏实干事、默默耕耘的奉献精神。

6月1日 ▲ **《著作权法》（2020修正）6月1日起正式施行** 《著作权法》（2020修正）将于6月1日起正式施行，本次修订必将推动摄影版权健康发展，对于文艺界和摄影界来说意义非凡。

6月8日 ▲ **“百年·百姓——中国百姓生活影像大展（1921—2021）”开幕** 6月8日上午，由中国文学艺术界联合会、中国摄影家协会、中共北京市东城区委、北京市东城区人民政府主办的“百年·百姓——中国百姓生活影像大展（1921—2021）”在北京王府井步行商业街开幕。今年是中国共产党成立100周年，百年来，中国社会从凋敝到复兴，从封闭到开放，从贫弱到富裕，从屈辱到自信，其间变革，波澜壮阔。值此中国共产党百年华诞之际，主办方特举办“百年·百姓——中国百姓生活影像大展（1921—2021）”，从普通百姓的衣食住行、生产生活入手，多方位展示百年中国翻天覆地的伟大变革，反映中国共产党“为中国人民谋幸福，为中华民族谋复兴”的初心和使命。

6月9日 ▲ **中央和国家机关“永远跟党走”书画摄影展开幕** 2021年6月9日，“永远跟党走”中央和国家机关庆祝中国共产党成立100周年书画摄影展在北京开幕。647幅作品从1700余幅参评作品中脱颖而出，在全国农业展览馆进行公开展示。现场展示的647幅作品包括书法作品388幅，绘画作品162幅、摄影作品97幅。其中，中国摄影家协会主席团成员及中国摄协赴湖北抗击疫情小分队成员作品参展。

6月11日 ▲ **印象之草场地——庆祝中国共产党成立100周年摄影展** 6月11日，

“印象之草场地——庆祝中国共产党成立100周年摄影展”在北京三影堂摄影艺术中心开幕。展览由崔各庄乡草场地村党支部主办，三影堂摄影艺术中心、北京天下摄影文化摄影有限公司承办，畦空间、北京金菲舍尔文化创意有限公司协办。通过该展览草场地村党支部、联合项目发起人张耕畦共同表达对家乡这块哺育他们成长的土地的热爱，在乡村过往的变化与发展中，寄托情感，以待后人。

6月12日 ▲ **北京国际摄影周2021暨“世界文化遗产在中国”摄影展于6月12日在中华世纪坛开幕。** 北京国际摄影周2021延续以往八届摄影周以摄影本体属性为学术立足点设立主题的传统，结合影像文化的特征和新时代社会发展的客观进程，确立主题为：“影像：速度·深度·角度”。6月12日，是我国第十六个文化和自然遗产日，为增强全社会的文化遗产保护意识，由北京国际摄影周2021组委会策划组织的《世界文化遗产在中国摄影展》在中华世纪坛开幕，从而也正式开启了北京国际摄影周2021年系列活动的大幕。

6月20日 ▲ **首届中国能源摄影周开幕** 2021年6月16日，由中国摄影家协会纪实摄影委员会指导，中国摄影报社、神木市文学艺术界联合会主办，神木市摄影家协会承办，陕西省摄影家协会、陕西省纪实摄影委员会协办，视觉中国500PX特别支持的“能源新都 幸福神木”首届中国能源摄影周，在神木市隆重开幕。

6月22日 ▲ **浙江省摄影家走进浙西南革命老区创作采风** 6月20日下午，“全省百年百名艺术家走进浙西南革命老区创作采风活动”启动仪式在浙西南革命根据地纪念馆举行。百名来自全省各地美术、书法、摄影、文学写作等领域的艺术家代表将深入红色浙西南，实地感受浙西南革命精神在丽水的传承和弘扬，聆听触摸浙西南革命老区高质量绿色发展创新实践的脉动和活力。

6月29日 ▲ **“美丽新宁夏 翰墨颂党恩——宁夏回族自治区庆祝中国共产党成立100周年书法美术摄影民间工艺作品展”开幕** 6月29日，由宁夏回族自治区党委宣传部、宁夏回族自治区文学艺术界联合会主办，宁夏

书法家协会、宁夏美术家协会、宁夏摄影家协会、宁夏民间文艺家协会和宁夏报业传媒集团承办的“美丽新宁夏翰墨颂党恩——宁夏回族自治区庆祝中国共产党成立100周年书法美术摄影民间工艺作品展”在银川开幕。

6月30日 ▲ **中国共产党成立100周年特展——西北望·1870年以来的西北影像开幕** 2021年6月30日，“中国共产党成立100周年特展——西北望·1870年以来的西北影像”在银川当代美术馆开展。展览站在世界摄影史的角度，共展出1200余幅作品及数个录像作品，对跨越百年的西北影像进行了一次系统性梳理。其中大部分作品是首次在国内展出。展览总策展人由连州摄影博物馆馆长、著名策展人段煜婷担任，总监由著名摄影家王征担任，策展团队成员由青年策展人胡若灏、敦煌研究院网络中心主任孙志军、中国美术学院摄影研究中心主任高初担任。

7月2日 ▲ **中国摄协组织召开摄影界学习贯彻习近平总书记在庆祝中国共产党成立100周年大会上的重要讲话精神座谈会** 7月2日，中国摄影家协会组织召开摄影界学习习近平总书记“七一”重要讲话座谈会，深入学习讲话内容，推进党史学习教育，凝聚摄影界精神力量，并将之转化为谋新局、开新篇，繁荣发展社会主义摄影事业的动力和实际行动。

7月6日 ▲ **中国第18届国际摄影艺术展览终评在江苏无锡举行** 2021年7月6日至7日，中国第18届国际摄影艺术展览的终评在江苏省无锡市举行。中国摄影家协会主席、组委会主任李舸，中国摄影家协会分党组书记、驻会副主席、组委会主任郑更生，江苏省文联党组书记、常务副主席、组委会主任水家跃，无锡市人民政府副市长、组委会副主任秦咏薪，以及组委会委员、监审、观察员等出席会议。郑更生、水家跃、秦咏薪分别致词。会议由中国摄协分党组成员、副秘书长，组委会常务副主任彭文玲主持。

7月13日 ▲ **中国摄协举办“红心向党”干部职工摄影展** 摄影，见证历史；摄影，映照时代。在中国共产党成立100周年之际，为重温党史百年的辉煌历程与丰功伟绩，团结凝聚中国摄协干部职工学党史、听党话、跟党走，中国摄协机关党委、工会特举办“红心向党”——中国摄协干部职工庆祝中国共产党成立100周年摄影展览。

7月17日 ▲ **柳叶湖摄影季开幕** 7月17日，在热烈庆祝中国共产党成立100周年之际，柳叶湖摄影季开幕式在湖南常德柳叶湖游客服务中心广场举办，本届摄影季由中国摄影家协会艺术摄影委员会、中共常德市委宣传部、《大众摄影》杂志社主办，柳叶湖旅游度假区管委会、常德日报社承办。

7月23日 ▲ **“时代光影•致敬母亲”影像巡展在京开幕** 7月23日，国家艺术基金2019年度传播交流推广资助项目“时代光影•致敬母亲”影像巡展（北京展）在民族文化宫展览馆开幕。该展览用300余幅（组）影像作品追寻百年红色记忆中母亲的身影，献礼建党百年，致敬不同时期推动时代进步的女性力量。

8月5日 ▲ **第四届全国青年摄影大展终评在北京举行** 第四届全国青年摄影大展（以下简称：“青年大展”）终评在北京举行。13位终评评委全心投入，认真遴选，经过近12小时高强度的专业评选，最终产生了本届青年大展120件拟入展作品。本届青年大展面向所有具有中国国籍、年龄在18—40周岁的青年摄影人征稿，自

2020年12月18日启动征稿，至2021年5月5日截稿，共收到7716位青年摄影人投送的有效来稿：64814幅摄影作品、790件短视频作品。大展参展人数地域分布广阔，不仅全国34个省级行政区（含港澳台）均有来稿，也吸引了海外中国籍青年的参与。短视频作品数量大幅提升，体现了青年人对视频创作的热情。

8月13日 ▲ **第九届大理国际影会“云端”启幕** 八月的大理，苍山层林叠翠，洱海碧溪潺流。8月13日上午，2021第九届大理国际影会线上开幕式隆重举行。中共大理白族自治州州委书记杨国宗、大理国际影会特邀嘉宾、海外摄影节主席及摄影师、著名舞蹈艺术家杨丽萍等出席开幕式。此次影会以“生活在别处——重构与距离”为主题，策划展出展览近600个、作品2万余幅。本届影会采用线上线下结合的方式，除了线下展览，还将采用720度高科技全景摄影技术，携手网上同步云拍卖交易平台，共同打造网络沉浸式云展厅，从空中到地面、从室外到室内，完整保留数字展览，打造永不闭幕的摄影展。此外，还有“中国摄影名家百人百幅典藏大展”“生物多样性大展”“大理国际影会嘉年华”“十位摄影大咖线上直播带你云观展，八位大咖出席公益大讲坛”等诸多影会亮点待你观赏。

8月25日 ▲ **“守正创新 聚焦时代——摄影界职业道德和行风建设工作座谈会”在京举行** 8月25日，在中国文联“修身守正 立心铸魂——中国文联文艺工作者职业道德和行风建设工作座谈会”召开次日，中国摄影家协会在京组织召开了“守正创新 聚焦时代——摄影界职业道德和行风建设工作座谈会”。座谈会针对文艺界违法违规、失德失范现象深入交流，表达了对摄影行风建设、行业引领等方面工作的共识和态度，进一步团结引导广大摄影工作者自觉践行社会主义核心价值观和“爱国、为民、崇德、尚艺”的文艺界核心价值观，辨是非、守底线、遵法纪，讲品位、讲格调、讲责任，坚持修身守正，追求德艺双馨，用明德引领风尚，承担培根铸魂的神圣职责，做有信仰、有情怀、有担当的新时代摄影工作者。

8月25日 ▲ **“西藏·70——庆祝西藏和平解放70周年影像展”在拉萨开幕** 2021年8月25日，由中共西藏自治区委员会宣传部和中国图片社主办，中国图片社第一图片工作室、《摄影世界》杂志社、新华社新闻信息中心西藏中心承办的“西藏·70——庆祝西藏和平解放70周年影像展”在西藏自治区拉萨市宗角禄康公园开幕。本次展览分为“波澜壮阔的历史进程”“新时代的辉煌成就”两部分，编选了时间跨度达70年的200余幅摄影作品，集中展现了西藏70年来社会发展巨变、辉煌建设成就和西藏各族人民幸福安康生活。这些鲜活生动的影像，凝结了我们切身的人生经验和时代记忆，从中看到的不仅仅是一个改天换地的时代，更是一路前行的我们自己。

9月16日 ▲ **中国文联推出多场展览演出：光影百年看变迁，名家经典迎盛世** 由中国文学艺术界联合会、中国摄影家协会、中共北京市东城区委、北京市东城区人民政府共同主办的“百年•百姓——中国百姓生活影像大展”从普通百姓的衣食住行、生产生活入手，多方位展示百年中国翻天覆地的伟大变革，反映中国共产党“为中国人民谋幸福，为中华民族谋复兴”的初心和使命。

9月19日 ▲ **第21届平遥国际摄影大展如期开展** 9月19日上午，以“精彩世界・美丽中国”为主题的2021第21届平遥国际摄影大展在平遥古城已如期开展。本届大展由“摄影作品展、图片交易、大展评选”3大板块、14个单元构成，共有近万幅国内外作品通过线下展陈、线上展示为观众呈现摄影艺术魅力。本届大展紧扣时代脉搏，策划推出了“还看今朝——庆祝中国共产党成立100周年摄影”主题展，展出百年历史中，百位摄影师的百幅作品，展现建党百年的壮丽史诗。同时，大展推出的“古院、古村、古镇、古堡、古城”专题展，立足弘扬民族文化，全方位、多角度展示晋商文化、古城风情，展现中华儿女满怀深情的文化自信，全力打造“游山西・读历史”最佳体验地，建设文旅融合引领区，努力实现高质量发展。

9月23日 ▲ **第十届全国农民摄影大展在京开幕** 9月23日，在第四个中国农民丰收节之际，由中国文学艺术界联合会、中国摄影家协会主办，中国文联摄影艺术中心承办的第十届全国农民摄影大展在北京中华世纪坛开幕。今年是党的百年华诞，在庆祝中

国共产党成立100周年大会上，习近平总书记庄严宣告中华大地全面建成小康社会，历史性地解决了绝对贫困问题。这是世界人口最多的国家在民族伟大复兴征程上的重要里程碑。在这样的背景下，举办第十届全国农民摄影大展具有更加重要的意义。

9月23日 ▲ **俄罗斯著名摄影师米科沙摄影作品展亮相中国美术馆** 9月23日，“聚焦‘站起来’——莫斯科多媒体艺术博物馆藏米科沙摄影作品展”在坐北京中国美术馆开幕。此次展览分为“开国大典”“定国安邦”“普天同庆”3个篇章，展出了苏联杰出摄影师弗拉季斯拉夫·米科沙1949年至1950年来华拍摄的110余幅珍贵照片，通过这位摄影师的镜头讲述中华人民共和国成立及成立后第一年的景象，向中国人民“站起来”的重要历史时刻致敬。这些本着社会主义现实主义精神拍摄的照片反映了当时的社会环境。

9月24日 ▲ **“陈勃·顾棣摄影艺术成就暨收藏展览”在阜平隆重启帷** 9月24日上午，“陈勃·顾棣摄影艺术成就暨收藏展览”在保定市阜平县城南庄晋察冀边区革命纪念馆隆重启帷。中国文联副主席、省政协副主席、省文联主席边发吉宣布开幕。展览由中国摄影家协会、河北省文学艺术界联合会主办，河北省摄影家协会、中共阜平县委、阜平县人民政府承办，中国摄影家协会摄影理论委员会、保定市文学艺术界联合会、阜平县文广旅游局、晋察冀边区革命纪念馆协办。

9月28日 ▲ **中国文联顺利召开全国文联系统新文艺群体职称评审工作推进会** 为贯彻落实中央关于加强文艺人才队伍建设的指示批示精神，更好地团结引领广大新文艺组织和新文艺群体，切实发挥好文联组织在新文艺群体职称评审中的主渠道作用，9月28日，中国文联召开了全国文联系统新文艺群体职称评审工作推进会。中国文联党组书记、副主席李屹出席会议并讲话。会议由中国文联人事部主任郑希友主持。

9月29日 ▲ **百年·百姓——中国百姓生活影像大展在镇远古城巡展** 9月29日，“百年·百姓——中国百姓生活影像大展（1921—2021）”在中国历史文化名城——贵州省黔东南苗族侗族自治州镇远县镇远古城落地巡展。展览作为2021多彩贵州·第十四届中国原生态国际摄影大展主题展览，以独特的展陈方式在镇远古城文化园广场亮相。

9月29日 ▲ **第十四届中国原生态国际摄影大展在贵州镇远开幕** 2021年9月29日，2021“多彩贵州·第十四届中国原生态国际摄影大展”在贵州镇远古城开幕。本届大展以“红色百年 绿色贵州”为主题，分图片展和视频展。2000余幅摄影作品和200余个视频作品，展现了百年来中国百姓变化和多彩贵州新面貌。其中，《百年·百姓——中国百姓生活影像大展》以百年百姓生活的“小切口”，围绕百姓衣食住行、生产生活的变化，真实展现百年来中国社会发生的伟大变革。“绿色贵州”专题展区，则以“绿色胜境”“金色乡村”“流光溢彩”“水光潋滟”“琥珀匠心”板块呈现贵州新画卷。

9月30日 ▲ **第二届高帆杯“行走中国”全国摄影大展开幕** 2021年9月30日，第二届高帆杯“行走中国”全国摄影大展开幕式在杭州市萧山湘湖高帆摄影艺术馆举行。第二届高帆杯“行走中国”全国摄影大

展提倡广大摄影人聚焦精品创作，践行“以人民为中心”的创作导向，围绕“土地”“人民”“生活”这三个关键词进行拍摄，以真实生动的影像展现这片热土上火热的现实生活，展现在中国共产党的领导下全面建成小康社会过程中人民群众的获得感、幸福感、安全感。

10月16日 ▲ 中国摄影家协会2021年少数民族摄影人才培训班在青海西宁开班　10月16日，由中国摄影家协会举办的2021年少数民族摄影人才培训班在青海西宁开班。中国文联机关党委副书记卢庆华，青海省委统战部副部长马文彪，中国摄影家协会副主席刘鲁豫，青海省文联党组成员、副主席李国权，青海省委统战部援青办公室主任王勇，青海省摄影家协会主席蔡征和驻会副主席达洛，以及来自全国少数民族地区的50位学员参加了开班仪式。开班仪式由中国文联摄影艺术中心常务副主任厉夫波主持。

10月21日 ▲ 百年•百姓——中国百姓生活影像大展在京巡展　10月21日，百年•百姓——中国百姓生活影像大展巡展在北京明城墙遗址公园开展，一幅幅反映老百姓生活变化的摄影作品在古色古香的建筑中亮相。众多摄影人及周边居民前来参观，他们边看边感慨，从影像中感受百年来人民生活翻天覆地的变化，体味中国社会百年进程中最质朴的温暖。

10月21日 ▲ 纪念陈昌谦诞辰100周年座谈会在京举行　10月21日，由中国文联、中国摄影家协会主办，中国文联国内联络部、中国摄协摄影理论委员会、中国摄协理论研究处承办的纪念陈昌谦诞辰100周年座谈会在京举行。中国摄协主席李舸，分党组成员、秘书长高琴，分党组成员、副秘书长彭文玲，分党组成员、副主席、副秘书长居杨，中国文联国内联络部评奖管理处干部张桐硕，陈昌谦女儿陈晓千、女婿尹怡青出席座谈会。

10月22日 ▲ “世界的开平”——第三届沙飞摄影周开幕　10月22日，由中国摄影家协会纪实摄影委员会、中国摄影报社、广东省摄影家协会、开平市人民政府联合主办的“世界的开平”——第三届沙飞摄影周在广东省开平市盛大开幕。本次活动得到中国摄影家协会、广东省文联、广东大画幅摄影家协会、沙飞摄影研究中心、江门市委宣传部、江门市文联等单位和社会各界的重视和支持。

10月25日 ▲ 第二届国际在地影像艺术节开幕　10月23-25日，第二届国际在地影像艺术节在贵州省黄平县旧州古镇上演。在地，是本次影像艺术节的鲜明特点。创作者们扎根本土、深入生活，以弘扬民族精神、凝聚中国力量为初心，以传承东方文化之美、传播中国文化自信为宗旨，大力弘扬多彩贵州文化瑰宝，用创意影像讲好古镇故事，用多场活动丰富百姓生活，为黄平乡村振兴注入文化的力量。

10月25日 ▲ 青海生态文明摄影大展在京开幕　10月25日，“国家公园省 生态新高地——青海生态文明摄影大展”在北京民族文化宫开幕。中共青海省委常委、统战部部长公保扎西，中国摄影家协会主席李舸，中国文联国内联络部主任谢力，中国文联文艺研修院常务副院长傅亦轩，青海省文联党组书记、主席董杰人，中国摄协分党组成员、副主席、副秘书长居杨，中国摄协副主席柳军，以及主办方相关领导，摄影家出席开幕式。

11月17日 ▲ **2021丽水摄影节启幕** 11月17日，由中国摄影家协会和浙江省丽水市人民政府主办的2021丽水摄影节，在疫情防控常态化和数字化改革背景下，在丽水大剧院开幕。随着2021丽水宣传片、丽水摄影节主题宣传片《秀山丽水 美好生活》炫酷暖场，丽水大剧院高朋满座，摄影文化界精英荟萃，共享了一场丽水摄影的“嘉年华”。丽水摄影节主题曲《拍拍拍》响彻剧场，多个摄影名家从幕后走向台前，把开幕式带向高潮。开幕式上还进行了国际摄影丽水榜发布，并为首届国际自然环保摄影大展、第八届中国摄影年度排行榜登榜者颁授荣誉。

11月18日 ▲ **渴望·圆梦——解海龙希望工程纪实摄影展亮相丽水摄影博物馆** 11月18日，“渴望·圆梦——谢海龙希望工程纪实摄影作品典藏展”线下展览在丽水摄影博物馆2号展厅开幕，此影展是2021年丽水摄影节最重磅展览之一，由2021丽水摄影节组委会主办，丽水摄影博物馆、北京雅昌艺术印刷有限公司、龙影廊、豆豆摄团、北京奕墨文化传播有限公司承办。中国摄影家协会主席李舸，中共丽水市委常委、宣传部长任淑女，浙江省摄影家协会主席王小川，浙江摄影家协会名誉主席吴宗其，中共丽水市委宣传部副部长王培权等嘉宾出席开幕式并参观了展览。

11月20日 ▲ **第十六届中国黄山（黟县）乡村摄影大展开幕** 11月20日，2021第十六届中国黄山（黟县）乡村摄影大展第二届黄山青年写生艺术季作品展暨大艺博黄山特展在黄山市黟县·黄山中国书画小镇开幕。本届大展首次融合摄影与美术两大艺术形式跨界牵手，首次采取线下开幕与网络直播同步开启的形式，并通过VR全景技术打造永不落幕的线上展厅。艺术融合与数字创新成为本届大展最大亮点，体现出这一老牌展览与时俱进焕发出的勃勃生机。

11月23日 ▲ **“TOP20·2021中国当代摄影新锐展”于浙江美术馆开幕** 11月23日，“TOP20·2021中国当代摄影新锐展”于浙江美术馆开幕。展览由中国摄影家协会、浙江省文学艺术界联合会主办，浙江省摄影家协会、《中国摄影》杂志社、中国美术学院跨媒体学院、杭州市余杭区文学艺术界联合会承办。从2011年创办以来，“TOP20中国当代摄影新锐展”已连续举办6届。10周年的沉淀使得“TOP20”已经成为汇集国内当代摄影最优秀艺术家和观察中国摄影前沿艺术动向的重要平台。

11月25日 ▲ **中国摄协召开学习贯彻党的十九届六中全会精神座谈会** 11月8日至11日，中国共产党第十九届中央委员会第六次全体会议在京举行，全会审议通过了《中共中央关于党的百年奋斗重大成就和历史经验的决议》。作为在重大历史关头召开的一次具有里程碑意义的重要会议，党的十九届六中全会精神在全国持续引发热烈反响。连日来，摄影界掀起了学习全会精神的热潮。11月25日上午，中国摄影家协会召开摄影界学习贯彻党的十九届六中全会精神座谈会，深入学习贯彻全会的重要精神，深入学习领会《决议》的地位意义和重要内涵，贯穿“统一”“团结”“前进”的主流主线，凝聚摄影界精神力量，转化为谋新局、开新篇，繁荣发展社会主义摄影事业的动力和实际行动。

12月1日 ▲ **中国艺术摄影学会主席邀请展在中华世纪坛开展** 12月1日上午，中国艺术摄影学会主席邀请展在北京中华世纪坛开幕。这也是北京国际摄影周2021年的收官之展。《中国艺术摄影学会主席邀请展》由北京国际摄影周2021组委会和中国艺术摄影学会主办，本次特邀参展的摄影家包括：杨元惺、朱宪民、陈长芬、任国恩、王玉文、张小苏、

钟维兴、李树峰、曾毅、索久林、王达军。展览现场，除参展摄影家和主承办方嘉宾外，王苗、冯凯文、袁学军、鲍利辉、罗韬、高健生、阳丽君等众多摄影界同仁也赶来参观了展览。

12月9日 ▲ **李英杰“太极三部曲·河洛象”摄影展在中国美术馆开幕** 12月9日，由《中国摄影》杂志社、河南省摄影家协会共同主办的摄影家李英杰摄影作品展“太极三部曲·河洛象”在北京中国美术馆开幕。本次展览采取线上与线下结合的方式，美术馆空间展示与网络云导览同时进行，展览在控制人数的前提下分批次设置参观专场，分别邀请中国文联、中国摄协和来自北京、河南等地的领导、嘉宾及摄影界同行、媒体记者和各界朋友前来参观。

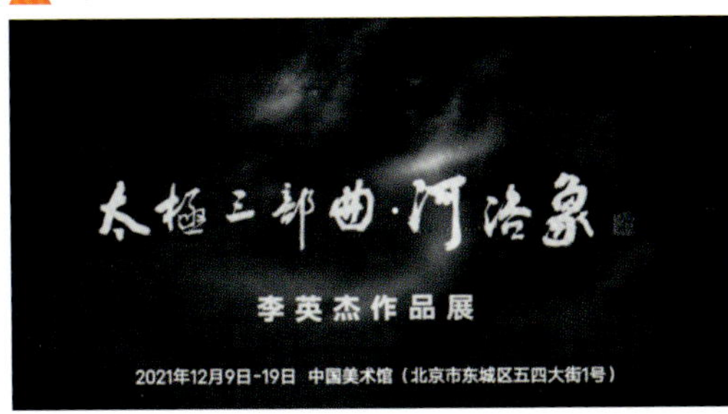

2月11日 ▲ **“生活·时代·振兴 辽宁摄影研究捐赠展暨中国摄影名家百人百幅典藏大展”举办** 2021年12月11日，由辽宁美术馆（辽宁画院）、辽宁省摄影艺术家协会、秘境PHOTO主办，大理国际影会、辽宁省摄影家协会、沈阳城市学院提供学术支持的“生活·时代·振兴——辽宁摄影研究捐赠展暨中国摄影名家百人百幅典藏大展”在辽宁美术馆开幕。辽宁省政协原副主席赵新良，辽宁省摄影家协会名誉主席刘志超，辽宁省摄影家协会秘书长贾峻峰，中国文联全国委员会委员、著名摄影家梁达明先生等出席了开幕式。大理国际影会艺术总监鲍利辉、中国工业摄影协会主席王玉文，辽宁美术馆（辽宁画院）馆长（院长）冷旭分别致辞，开幕式由辽宁省摄影艺术家协会主席史春主持。

2月14日 ▲ **中国摄协代表团认真学习习近平总书记重要讲话** 12月14日，中国文学艺术界联合会第十一次全国代表大会、中国作家协会第十次全国代表大会在北京人民大会堂开幕。中共中央总书记、国家主席、中央军委主席习近平12月14日在中国文学艺术界联合会第十一次全国代表大会、中国作家协会第十次全国代表大会开幕式上发表的重要讲话，在中国摄影家协会代表团中引起强烈反响。12月14日下午，中国摄协代表团举行分组会议，认真学习领会讲话精神。

12月20日 ▲ **中国摄协携手雅昌开启战略合作** 12月20日，中国摄影家协会与雅昌文化集团启动战略合作，这是中国摄影家协会贯彻落实习近平总书记在中国文联十一大、中国作协十大开幕式上的重要讲话精神，贯彻落实中国文联第十一大会议精神，为广大摄影人提供全方位优质、专业服务的重要举措，具有重要的意义。战略合作签约仪式在北京雅昌艺术中心举行。

12月24日 ▲ **中国摄协召开九届九次主席团会** 12月24日，中国摄影家协会第九届主席团第九次会议采用线上线下相结合的形式召开。中国文联副主席、中国摄协主席李舸主持会议。中国摄协分党组书记、驻会副主席郑更生，副主席王琛、刘鲁豫、李学亮、杨越峦、陈小波、居杨、线云强、柳军、雍和、潘朝阳分别以在北京主会场、视频连线和录制视频的方式参会。中国摄协分党组成员、秘书长高琴，分党组成员、副秘书长彭文玲出席会议，中国摄协机关各处室、艺术中心各处室、各直属单位负责人列席会议。

12月28日 ▲ **第四届全国青年摄影大展12月28日在首都博物馆开幕** 2021年12月28日，由中国摄影家协会主办，北京摄影函授学院、中国摄影家协会教育委员会承办的第四届全国青年摄影大展，在首都博物馆绽放。大展以青春·观看为主题，120位青年摄影师作品精彩呈现了当代中国青年摄影人多元创新的影像语言。本届大展采取线下实体展览与线上云展览并行的方式进行，开幕活动、展览导览、青年摄影论坛等相关活动在“摄影函授学院”微信视频号、小鹅通等多个移动端进行直播。近万名观众在线观看并进行了互动。

附录：《中国摄影艺术年鉴（2020—2021卷）》作者及作品索引（以汉语拼音为序）

M

N

P

Q

R

S

T

W

X

图书在版编目（CIP）数据

中国摄影艺术年鉴. 2020-2021 / 徐伟浩主编. --沈阳：万卷出版有限责任公司，2022.10

ISBN 978-7-5470-6060-5

Ⅰ. ①中… Ⅱ. ①徐… Ⅲ. ①摄影艺术－中国－2020-2021－年鉴 Ⅳ. ①J42-54

中国版本图书馆CIP数据核字(2022)第137443号

出 品 人：王维良
出版发行：北方联合出版传媒（集团）股份有限公司
万卷出版有限责任公司
（地址：沈阳市和平区十一纬路29号 邮编：110003）
印 刷 者：辽宁泰阳广告彩色印刷有限公司
经 销 商：全国新华书店
幅面尺寸：255mm × 250 mm
字 数：210千字
印 张：36
出版时间：2021年10月第1版
印刷时间：2021年10月第1次印刷
责任编辑：李 坪
责任校对：刘 洋
装帧设计：沈阳城市学院《中国摄影艺术年鉴》编辑部设计室
ISBN 978-7-5470-6060-5
定 价：428.00元
联系电话：024-23284090
传 真：024-23284448

中国摄影艺术年鉴　　沈阳城市学院

联合出品